OSHO

權力

POWER, POLITICS, AND CHANGE

one of the most inspiring spiritual teachers of our time

如何讓自己與世界變得更美好？

What can I do to help make the world a better place?

目次

前言

問題

奧修，我是如此迫切地想要拯救這個不可思議的美好星球，而同時我又覺得非常地驚恐，因為我們所面對的力量是如此的巨大，我覺得自己極度渺小、無助，而無法做任何事情。有什麼是我們可以做的嗎？

我可以了解你的絕望和你的無助。這或許是每一個意識到當前危機的人所具有的感覺。但是，你沒有意識到另外一股更為巨大的力量：破壞是一種低層次的力量，創造則是一種高層次的力量。破壞來自於恨，創造則是來自於愛。

你已經看到恨能夠帶領人類所到達的狀態，那是一種終極的自殺，但是你還沒有看到愛所擁有的潛能以及它所能夠成長的高度，它能夠避免危機的發生。沒有任何一個人是渺小而無關緊要的，因為每個人都擁有一顆心，每個人都擁有愛，每個人都擁有敏感度與意識，每個人都能夠來到存在最高、最極致的顛峰。一個單獨的個體就能夠避免這個巨大的危機，更何況上百萬個充滿愛、喜悅與寧靜的人呢？

我記得基督教舊約全書裡有一個關於兩個城市的故事——所多瑪和俄摩拉。當時居住在這兩個城市裡的人變得極度的墮落和扭曲，到處都有各種倒行逆施的事情發生著。這個故事非常的美；它會為你帶來勇氣，它會帶走你的絕望。它會讓你能夠以一個獨立個體的方式屹立著，代表那些無法被原子武器以及任何政客所摧毀的生命與愛。因為，甚至連神都沒有辦法摧毀所多瑪和俄摩拉這兩座城市。

我要提醒你，在舊約聖經的版本裡，神摧毀了這兩座城市。因為要改變這兩個城市裡的人是一件不可能的事情；他們已經極度習慣那些變態的生活。但是在另外一個版本裡，這個故事轉向了一個非常奇特的方向，而這也是我想要強調的重點。在猶太民族裡，有一小些叫做哈西德（Hassids）的叛逆者、革命者。正統權威主流不接受這些人，因為他們反對正統，反對傳統教派裡任何與人類的心、理性、敏感性以及意識不符的部分。他們寫下了他們自己的故事。

在他們的故事裡，有一個叫做哈西德的神祕家，他通常會在所多瑪住六個月，在俄摩拉住六個月。他到神的身邊對神說：「你曾經想過嗎，這兩個城市裡或許有著一百個絕對自然且具有智慧的人士？只因為其他人的錯亂與變態，你也要摧毀掉這些人嗎？你這樣做的話，那是極度與絕對不公平的事情，那會讓你蒙羞。請多考慮一下！」

神沒有想過這種可能性，在這樣巨大的兩座城市裡——就像是廣島和長崎一樣——必然會有著上百個自然而智慧的人士。他們也會被摧毀，而這是違反神性的，這是非常醜陋的。所以神說：「如果你可以證明這一百個好人的存在，我就不會摧毀這兩座城市。」

哈西德說：「如果那裡只有五十個好人，你也會摧毀這兩座城嗎？」

神因為這個神祕家哈西德而鬆懈了他的防備，他說：「即使你只能夠證明五十個……。」

然後這個神祕家說：「那如果只有二十五個好人呢？這有什麼差別嗎？對你來說，

什麼比較重要呢？是數量還是品質？你所考慮的是數量還是品質？」

神說：「當然是品質。」

然後哈西德說：「如果重點在於品質，那麼我可以告訴你一個事實，我是這兩個城市裡唯一一個不變態錯亂，並且過著自然喜樂生活的人。但是我有六個月的時間住在所多瑪，六個月的時間住在俄摩拉。你還要摧毀這兩個城市嗎？」

神從來不曾碰過如此聰慧的一個人，這個人讓他從一百個人的數量下降到一個人。只有猶太人能夠做到這一點！因為他們知道如何討價還價，而且他也這樣做了。在傳統版本的故事裡，神摧毀了這兩個城市，但是在這個神祕家的版本裡。這兩個城市得救了，因為神甚至無法摧毀一個具有品質與智慧的人，即使那兩個城市所有的人都變得錯亂與變態。

你只需要保持警覺。你不需要覺得絕望，也不需要覺得驚恐。如果一個人可以說服存在來保護兩個城市，那麼我們這裡有上千個哈西德。每一個門徒都是一個哈西德。存在不會允許幾個愚蠢的政客摧毀了這個世界。

但是這並不表示你只能保持沉默。你需要在你的周圍創造出一股愛的氣氛，那會是一種保護。你需要學習舞蹈和歌唱。讓這些政客知道這個地球上仍然充滿了美好的人們，有著這麼多的歌曲、這麼多的音樂，這麼多的創造力，還有這麼多的人在靜心著……他們是注定會重新考量的。

對我們來說，我們不需要尋找更大的原子武器來停止戰爭，那才是問題。我們需要的是某種全然不同的東西。愛帶來能量，靜心會給予你無比的力量。而你不會覺得自己是如此的渺小而微不足道，你會感受到一種尊嚴和意義，因為你的愛、你的靜心、你的喜樂會拯救這個世界。

而且，不要擔心你是無助、無能為力的。這種無助感會出現是因為你從來不知道你所擁有的資源。你從來不曾正視過自己的資源：你的愛、你的寧靜、你的平靜、你的慈悲、你的喜悅。你從來不曾正視過自己存在本性裡這些永不耗竭的潛力。如果有上千個人在愛裡、在音樂和舞蹈中綻放的話，這整個地球會變成是一場歡慶，這麼一來，沒有任何一個瘋狂的政客會摧毀這個世界。他們會感到無助；他們會覺得摧毀這群美好的人以及這個美好的星球是一種罪刑。

你問說：「有什麼是我們可以做的嗎？」

你的愛、你的寧靜和你的喜悅就已經足夠了。不需要其他更多的事情了；其他更多的事情只會讓你開始產生不必要的擔憂。而擔憂就像是一個搖椅，它會讓你不斷地移動著，但是它不會帶你到達任何地方。你不需要擔憂，不需要感到絕望和無助。是有幾個白癡準備讓這個星球死亡；但是有上百萬的聰明人士能夠阻止這一點，只需要透過他們的愛、他們的喜悅、他們的美和他們的喜樂就夠了。這些經驗擁有更大的力量，因為原子能量、原子武器只是這個物質世界裡的一部分。原子武器是原子的爆發，它是最低層、最微小物質微粒的爆發。

我們還不曾明瞭到，這個大自然裡有著絕對的平衡。如果一個微小的原子爆發可以造成這麼大的毀滅……那麼你曾經想過你存在裡一個活生生的原子還有它的爆發會是什麼樣子嗎？用另外一個名詞來說，我們把它稱為開悟。開悟它什麼都不是，它就只是你的存在爆發成為光亮。然後，突然間，你成為一股更為高遠而高超的力量。它不需要與低層的力量進行抗爭；光是它的存在就能夠讓那些低層的力量變得無能。

到目前為止，還沒有大規模的人數嘗試過開悟，只有偶爾少數幾個人。但是這些罕見的例子已經證明了，如果人們嘗試的話，每一個人都能夠成為一股爆發的意識，而那股更為高遠的能量會讓所有的原子武器以及它們的持有人變得無能與罪惡感。

這裡有幾個例子或許能夠對你有所幫助。它看起來不太像是事實，因為它非常地罕見，也因為沒有多少人曾經嘗試過。

佛陀有一個門徒叫做提婆達多(Devadutta)，他是佛陀的堂弟，而他非常嫉妒佛陀所具有的無比光輝以及他對人們的影響力。不論是誰來到佛陀面前，他們離開時都變得不再一樣。他們的存在裡有些東西改變了。佛陀種下了一顆種子；然後當第一道雲朵開始降下雨水時，那個人會在正確的時機回到佛陀身邊。但是盲目的提婆達多看不到這些，他不是眼睛上的盲目，而是心靈上的盲目。他沒有辦法了解這是怎麼一回事。他和他的堂兄——佛陀——一樣地美，一樣地受過教育，一樣地接受過當時藝術的薰陶。沒有理由佛陀是優秀崇高的，而他卻不是。因為他無法看到圍繞在佛陀身邊那股崇高的氛圍。

終於他對佛陀說：「我想要你宣布我是你的繼承人。」

佛陀說：「不論誰能夠繼承我，他就會繼承我，我不會做任何宣告。而且，不論如何，我現在還活著，我才剛到中年而已。選擇不是我的方式！我是誰呢？我怎麼能夠選擇一個繼承者？存在會有它自己的選擇。」

提婆達多覺得很受傷，所以他離開了那個社群，並且多次試圖殺害佛陀。那些嘗試看起來幾乎不像是真的，因為我們不了解愛所具有的力量，我們不了解覺知所具有的力量，我們也不了解喜樂所具有的美以及它所具有的保護力量。

當時佛陀常常會在山腳下的一塊岩石上靜心。提婆達多曾經試著從山上朝著佛陀的方向推下巨大的石頭，他試圖用這種方式來殺害佛陀而不被人所察覺，因為從來沒有人想過會有人謀殺佛陀。當那塊大石頭從山上快速滾落下來時，在場的所有人都非常驚訝，他們無法相信會有這種事情發生，因為那塊石頭在佛陀面前兩呎的地方停了下來，換了一個方向，它偏離原來的軌道，然後繼續滾落下去。發生在那塊石頭上的事情非常地奇怪；沒有人相信這種情況會發生在一塊石頭上。甚至連提婆達多都非常困惑不解。

提婆達多自己是一個小王國的國王，他有一頭瘋狂而危險的大象。因為牠曾經殺死過很多人，所以牠總是被鎖鍊綁在牢籠裡。這頭大象讓提婆達多看到了另外一個可能性。他讓人把這頭大象帶到佛陀附近，然後鬆開這頭大象。當時這頭大象朝著佛陀的方向狂奔，就像是牠朝著任何人狂奔而去一樣。但是當牠靠近佛陀時，牠突然停了下來，眼眶裡帶著淚水，然後牠朝著佛陀彎身鞠躬，用牠的頭碰觸佛陀的腳。

沒有人能夠相信這樣一頭瘋狂的大象……牠怎麼能夠區辨出佛陀和其他人的不同呢？但是盲目的人就是盲目的！提婆達多無法看到那塊石頭所看到的，他也無法看到那頭大象所看到的，那是一種微妙而無形的愛。

如果有上百萬的人們充滿了愛與靜心，那麼你不需要感到絕望或無助。因為大自然已經賦予你無比的力量，而那股力量能夠抵銷任何原子武器的作用。

而這就是我一直在做的事情：讓你準備好能夠去愛，無條件的愛；讓你準備好能夠是友善的，即使是對一個陌生人；讓你準備好能夠放掉那些組織性的宗教，因為它們帶來衝突；甚至讓你準備好去放掉國家的歸屬感。在形式上，你仍然會擁有一個國家的護照，但是那只是形式上。在你的存在深處，你不該是個印度教徒，你不該是個印度人，你不該是個德國人，你也不該是個基督徒。

如果這股浪潮擴散開來——而我極度希望它能夠擴散開來——那麼，你就可以忘掉關於第三次世界大戰這件事；第二次世界大戰會是最後的一次大戰。只有當人們沒有足夠的愛與靜心的能量時，第三次世界大戰才會爆發。

第 1 章

不同類型的力量

力量本身是中立的。在一個好人的手裡，它會是一項祝福。在一個無意識的人的手裡，它會變成一種詛咒。上千年來，我們一直在譴責力量，但是卻不曾明瞭到需要譴責的不是力量，而是人們需要清理自己那些隱藏在內在的醜陋本能。

問題　是否有一種個人的力量？它不同於那種凌駕於他人之上的力量？

個人的力量以及凌駕於他人之上的力量是兩種完全不同的事情。它們不只不同，它們還是截然相反的兩回事。

一個知道自己、了解自己存在本性也了解生命意義的人，他會突然間擁有一種爆發性的力量。但是這種力量比較像是一種愛、一種慈悲。它比較像是一種月亮般的光亮，而不是太陽般的光亮，它具有一種涼意、平靜與美。這樣一個人他不會感到自卑。他是如此的盈滿、滿足與喜樂，他沒有任何理由、任何野心去擁有凌駕於他人之上的力量。

我把這種力量稱為神祕家的力量。

凌駕於他人之上的力量是政治性的，而一個對這種力量感興趣的人，他的內在有著深沉的自卑情結。他們不斷地拿自己和他人比較，然後覺得自己是差勁的、不足的。他們想要向這個世界證明，也向他們自己證明：他們並不差勁，他們是優秀的存在。每一個政客都因為這種自卑情結而痛苦著。每一個政客都需要心理治療。他們是一群生病的人，而且因為他們的這種疾病，他們也讓全世界變得極度的痛苦。三千年的歷史裡發生過五千場戰爭。

當一個人開始追尋這種凌駕於他人之上的力量時，他的追尋是無止境的，因為永遠都會有人不在他的影響範圍之內。這會讓他覺得自己仍然是差勁的。否則，為什麼會有人想要成為亞歷山大大帝呢？那純粹是一種愚蠢的行為。亞歷山大在他三十三歲的時候過世。在他的一生裡，他從來不曾好好地生活過或是好好地愛過。在他三十三年的人生裡，他一開始是準備著要征服全世界，然後接下來就是不斷地爭戰、殺戮和焚燒。他頭腦裡的唯一一個念頭就是成為世界的征服者。

當他前往印度時，他經過希臘，在那裡他遇到他生命裡最罕見的一個人：戴奧真尼斯（Diogenes）。戴奧真尼斯經常是赤裸地生活著，他是如此地美，所以赤裸非常完美地適合他。人們的服裝雖然跟氣候以及文化有關，但是那些都不是服裝最根本的功能。所有的動物都能夠在毫無衣物的狀況下生存在這個世界上的各種氣候裡，到底人類出了什麼問題呢？難道人類是這個世界上最脆弱無力的一種動物嗎？不，服裝最初是由那些身體不美麗的人所發明出來的。所以現在，你透過人們的臉孔來認識他們。現在，就算是你看到自己赤裸著身體，不包含臉孔的照片時，你也認不出那是自己的身體。

戴奧真尼斯是一個很美的人；他不需要衣物。他生活在一條河流旁邊。那天早晨，他正在進行日光浴。他只有一個同伴，那是一隻狗，而他唯一的財產則是一個老舊的提燈。

當亞歷山大經過希臘時，他聽說戴奧真尼斯就在不遠的附近。所以他說：「我聽過許多關於這個人的事情。他似乎是一個奇怪的人物，但是我想見一見這個人。」因此他去見了戴奧真尼斯，當時戴奧真尼斯正在休息。他的狗就坐在他的身旁。亞歷山大對他說：「戴奧真尼斯，亞歷山大大帝來看你了。這是一份莫大的榮耀，非常地罕見；我從來不曾去見任何人。」

戴奧真尼斯甚至不曾因此而坐起來，他仍然躺在沙地上，他微笑著、看著他的狗，並且對那隻狗說：「你聽到了嗎？有一個人稱他自己為大帝，你覺得呢？他一定因為巨大的自卑感而痛苦著。這不過是一種用來隱藏傷口的投射。」那是事實，甚至連亞歷山大都無法否認這一點。

亞歷山大說：「我沒有多少時間；否則，我會坐在這裡傾聽你的一些智慧之語。」

戴奧真尼斯說：「是什麼事情讓你匆忙呢？你要去哪裡？去征服這個世界嗎？但是你曾經想過嗎？萬一你真的征服了這個世界，接下來你要做什麼呢？因為再也沒有其他的世界了，這是唯一的一個世界。現在，當你爭戰、侵略時，你可以持續遺忘自己的自卑感。但是當你成功時，你的自卑感會回來的，它會再度浮現出來。」

亞歷山大說：「當我回來時，我會來這裡停留幾天，試著了解你說的話。你所說的話很傷人，但是它是事實。事實上，光是這樣一個『再也沒有另外一個世界』的想法就讓我感到悲傷。是的，如果我征服了這個世界，接下來我要做什麼呢？那時候，我會是一個無用的人，而那些所有隱藏在內在的事物是一定會浮現出來的。」

但是戴奧真尼斯說：「你不會回來的，因為這種野心是沒有盡頭的。沒有人回來過。」而奇怪的是，亞歷山大真的再也沒有回來。他在回雅典的路上過世了。而在那之後有一個很美的故事開始出現，因為戴奧真尼斯也在同一天裡過世了。這只是一個故事，但是它非常有意義。

根據希臘神話，在你進入天堂之前，你會穿越一條河流。戴奧真尼斯就在河流前的不遠之處，而亞歷山大就在他的後面。亞歷山大看到了戴奧真尼斯，他還是同樣地赤裸而美麗……他自己現在也是赤裸裸的，但是他缺乏那份美。為了掩蓋他的羞愧，亞歷山大說：「這真是一個奇怪的巧合，一個世界征服者和一個乞丐的會面！」

戴奧真尼斯笑了，他說：「你說的沒錯。只有一點你錯了，你不知道誰是征服者，誰是乞丐。看一看我，再看一看你自己。我從來不曾征服任何人，但是我是一個勝利者，我是自己的勝利者。而你試著征服這個世界，但是你得到了什麼呢？你只是浪費了你的一生。你才是乞丐！」

個人的力量是屬於神祕家的力量，而神祕家是一個意識已經開花綻放的人，他的芬芳、他的愛、他的慈悲遠遠地四處散布著。那是一種微妙的力量。沒有什麼能夠阻礙它；它就是會碰觸到你的心。它會讓你來到和他相同的韻律上，那是一種和諧、一種同步。你不會成為一個奴隸，你會成為一個愛人。一種莫大的友善、一種莫大的感謝會從你的內在升起。光只是這個神祕家的存在就能夠創造出一種無比的氛圍。在這股氛圍裡，不論是誰，只要他是敞開的、具有接受性的，他都會馬上感受到一股歌唱和舞蹈的渴望。

政治的力量是醜陋的。凌駕於他人之上的力量是醜陋的。那是非人性的，因為擁有凌駕於他人之上的力量表示你把他人物化成為一個事物。你把他變成是你的財產。

比如說，好幾個世紀以來，在中國，先生擁有著支配妻子的力量，他甚至可以殺了她。那是法律所許可的，因為妻子只是一項財產而已，就像是你擁有一把椅子一樣，如果你想要毀掉這把椅子，那不是什麼罪刑；它是你的椅子。如果你殺掉你的妻子，她是你的妻子……長達好幾個世紀之久，一直到上個世紀之前，中國男人如果殺掉自己的妻子是不會受到處罰的。

這種凌駕於他人之上的力量物化了人們的個體性，簡化了人們的靈性，它把人們變成只是一個貨品、一個東西。有好幾個世紀的時間，男人跟女人就像是其他任何貨物一樣地在市場上進行販賣。一旦你購買了一個奴隸，你就擁有支配這個奴隸的力量。這或許能夠滿足某種瘋狂而病態的心理，但是這一點也不健康。沒有任何一個政客是健康的，我指的是靈性上的健康。

當尼克森監聽他人電話的事件被揭發，並且最終因此而下台時，毛澤東曾經做了一個驚人的評論，他說：「每一個政客都這樣做過。這沒有什麼大不了，他們為什麼要這麼大驚小怪呢？可憐的尼克森只是剛好被人逮到而已。」

甚至在尼克森下台之後，他還送了一輛飛機——他自己的私人飛機——把尼克森接到中國去安慰他，他對尼克森說：「這種情況其實很愚蠢，你所做的事情，全世界到處都有。所有的政客都做著同樣的事情。你唯一做錯的是你被抓到了。你只是不夠熟練而已。」

有史以來，世界各地的政客做過各種極度缺乏人性而醜陋的事情。而他們之所以這樣做的根本原因在於他們深沉的自卑感，他們想要證明自己不是如此：「你看，我擁有這麼多的力量，我手裡掌控著這麼多的人，我可以讓他們成功或是失敗，我手裡有這麼多的原子武器。只要按下一個按鈕，我就可以摧毀這整個世界。」

凌駕於他人之上的力量是具有破壞性的，它永遠都是破壞性的。在一個較好的世界裡，任何一個富有野心的人，任何一個想要比他人更重要的人、想要超越他人的人，都應該接受心理上的治療。

只有謙虛、單純、自然、不與他人比較的人……每個人都是獨特的，你根本無法也無從比較。你要如何去比較一朵玫瑰和一朵金盞花呢？你怎麼能夠說誰比較優秀，而誰又比較差勁呢？它們都有著自己的美，它們開花綻放，在陽光底下舞蹈著，在風中、雨中舞蹈著，它們全然地活出自己的生命。

每一個人都是獨特的。沒有任何人是比較優秀或是差勁的。是的，人們各有不同。讓我提醒你一件事情；否則你會誤解我的意思。我並不是說每個人都是平等的，我所說的不是共產主義所說的平等。我反對共產主義的原因很簡單，因為它的整個哲學違反心理學以及心理學的所有研究。

沒有人是優秀的，沒有人是差勁的，但是也沒有人是平等的。人們就只是獨特的，無可比較的。你就是你，我就是我。我需要為生命貢獻出我自己的潛能；你需要為生命貢獻出你的潛能。我需要發掘我自己的存在；你也需要去發掘你自己的存在。

以一個神祕家的方式擁有力量是非常美好的。而任何一種想要凌駕於他人的欲望則是醜陋、噁心而骯髒的。

問題

對於愛所具有的力量，我感到非常的困惑。我曾經聽你說過，愛和恨是一體的；但是我在這個世界上看到的恨要比愛來得多。而同時，你也曾經說過開悟既不是愛也不是恨。你所說的是兩種不同品質的愛嗎？如果是這樣的話，它們是什麼樣的愛呢？

愛和恨是一個銅板上的不同兩個。但是透過愛，曾經有一些非常激烈的事情發生過，而我們很難想像這些激烈的行為，居然是來自於世界上那些抱持著善良意圖的人。你或許從來不曾懷疑過，是什麼摧毀了愛。

是那些對於愛的不斷教導摧毀了愛。恨仍然是純粹的；愛卻不是。當你恨的時候，你的恨有一種真實性。而當你愛的時候，它非常的虛偽。

你需要了解一件事情。上千年以來，所有的宗教、政客與教師們都教導人們一件事情，而這件事情就是愛：愛你的敵人，愛你的鄰居，愛你的父母，愛你的神。關於愛，為什麼他們從一開始就給了你這麼一系列的奇怪教導呢？原因是他們害怕你真實的愛，因為真實的愛超越了他們所能控制的範圍。當你愛的時候，你被愛所佔有。你不是愛的佔有者，而是那個被佔有的人，而每個社會都想要保有對你的掌控。社會害怕你狂野的自然本性，它害怕你的自然，所以從一開始它就先斬斷你的翅膀。而你內在最危險的一件事情就是你愛的潛能，因為當你被愛所佔據時，你甚至可以對抗全世界。

一個渺小的人被愛所佔據時，他會覺得自己能夠做到一些不可能達成的事情。在所有的古老愛情故事裡，這個事實以一種非常微妙的方式不斷地出現；而從來沒有人去理會或質疑這個來自於各個古老愛情故事裡的事實。比如說，在東方，我們有馬魯和萊拉（Majnu and Laila）這個著名的愛情故事。那是一個蘇菲的故事。我們不在意它是否真實發生過。我們在意的是它的模式，因為它的模式跟全世界所有的愛情故事一樣。東方第二個著名的愛情故事是蘇蕊和法哈德(Siri and Farhad),但是它也有著一樣的故事模式。第三個著名的故事是索尼和瑪哈瓦(Soni and Mahival),而它的故事模式仍然是一樣的。

在這些故事裡,那些愛人總是被要求去完成一些不可能的事情;只有當他完成那些不可能的事情時,他才能夠得到他所鍾愛的人。當然,那些父母和社會並不願意接受他們的愛情。沒有任何一個社會願意接受你的愛情,但是直接拒絕似乎太缺乏人性了。當有人懷抱著愛意前來求婚時,雖然你很想拒絕,但是你不能直接馬上拒絕。不過,你還是會拒絕的,只是你要找到某些方式來拒絕,所以這就是他們的方式:他們要求那個愛人去完成一些不可能的事情,去進行一些你知道他做不到的事情,去達成一些人類無法達成的任務。這麼一來,如果他做不到,那不是你的責任;而是他自己失敗了。

這是一種文明的拒絕方式。法哈德被告知,如果他想要擁有蘇蕊的話,他必須獨自一人修建一條越過山巒通往國王宮廷的水道,因為蘇蕊是國王的女兒。而且這個水道裡流動的必須是奶水而不是清水。這裡,這是絕對荒謬的要求。首先,即使它只是一個水道,但是一個年輕人,只有一雙手……越過山巒,還有上百哩的遙遠距離?這條通往皇宮的水道會需要上百年的時間才能完成。其次，就算這是可行的，因為在邏輯上，這是行得通的，但是他要如何讓水道裡流動的都是奶水呢？他要從那裡去找這麼多的奶水充滿整條水道呢？這個國王希望他宮廷裡的花園能夠得到奶水的灌溉；唯有如此，法哈德才能夠求取國王的女兒。

我曾經看過世界各地上百個愛情故事，但是有一個共通元素不斷地出現，那就是故事裡總是會有一些不可能達成的任務。我的看法是這個元素之所以會出現不是沒有原因的。因為某種程度來說，在人類頭腦的潛意識裡，人們知道愛可以讓那些不可能的事情變得可能。

愛是如此的瘋狂。一旦你被愛所佔據，你根本不會去思考任何邏輯、道理與現實。你活在一個夢想的世界裡，那裡所有的一切都掌握在你的手裡。對於這些愛情故事，我唯一關切的重點是從中發現某些關於愛的本質，而我發現到：愛會讓你變得如此瘋狂，以至於沒有什麼事情是不可能的。

當法哈德被要求從千哩以外的山巒修建一條河道時，他開始了。他甚至沒有問說：「你瘋了嗎？你要求的到底是什麼？你讓事情從一開始就是不可能的。為什麼你不直接拒絕我呢？為什麼你要繞這麼大一圈呢？」不，他一個字也沒說；他就是拿起鏟子，開始走向遠方的山巒。

國王宮廷裡的人問國王說：「你在做什麼？你非常清楚知道這是不可能的事情。你做不到，我們做不到，沒有人能夠做到這件事情。你和你所有的軍隊、你所有的武力加起來，也無法修建一條通往宮廷的河道。而且你要從哪裡找到奶水呢？奶水不會從山上的小溪裡流出來。你可以征服全世界，我們知道你所擁有的力量，我們也知道你所具有的武力，但是那是另外一回事。你不可能改變自然運作的方式。

「從一開始，這個孤單的可憐孩子……你不讓他尋求任何人的協助，你要他自己一個人從山上挖掘河道到你的宮廷。那會需要上百萬年的時間，就算他設法辦到了，他又要從哪裡找到奶水注入河道呢？」

那個國王說：「這些我都知道，那確實是不可能做到的事情。這就是為什麼我會提出這樣的要求，這是我把責任丟到他身上的方式。現在，如果他做不到，那是他的責任。而我沒有拒絕任何人。」

但是讓宮廷裡的人感到更為困惑的是這個年輕人——法哈德——的作為。他們衝出去，抓住他，並且問他：「你是瘋了還是怎麼了？你要去哪裡？那是不可能的。」

法哈德說：「只要我的愛是真實的，只要我的愛是真的，所有一切都是可能的。」

存在沒有辦法否認愛。存在可以改變它的自然狀態，改變它的法則，但是它沒有辦法否認愛，因為愛是大自然裡最崇高的法則。在較高的法則面前，那些較低的法則會消失不見和改變。

國王那些聰明的顧問都因為他的回答而受到驚嚇，但是他的回答似乎是有意義的。這個瘋狂的年輕人所說的話是有道理的。故事的結果是法哈德成功了。他單獨一個人修建了河道，而且由於他的真誠、他的真實，以及他對存在的信任，清水變成了奶水。

這只是一個故事；我不認為存在或是大自然會改變它的運作法則。但是有一件事情是明確的：社會很早之前就意識到愛是瘋狂的。而一旦人們為愛所佔據時，他是不受控制的，你沒有辦法說服他任何事情。所有的道理都不再管用，邏輯也變得毫無意義；他的愛是最終極的法則。除此之外的所有一切只能服從於它。

我的意思並不是說所有一切會變得順從，我也沒有說大自然會改變它的法則，或是愛能夠讓奇蹟得以發生。不，我這裡所指的是社會的恐懼：愛會讓人變得如此地瘋狂，以至於他開始相信這樣的事情；他會變得不受控制。如果你要掌控一個人，你需要從他非常小的時候，就創造出一種虛假的愛的概念，然後不斷地強化這個概念，讓這個人永遠無法被真實的愛所佔據，永遠不會因為愛而變得瘋狂，讓他永遠都是合理的。而這個「合理」指的是奴隸接受社會的規範，跟隨社會的遊戲。

愛讓你變得叛逆。

虛假的愛讓你變得順從。

這就是為什麼他們教導你去愛神。在這裡，要一個孩子去愛神是完全無意義的一件事。孩子不知道神是誰，而當他不知道這個對象時，你怎麼能夠期待他去愛呢？但是你雙手合十，朝著天空祈禱，然後孩子會開始模仿你。神就在那裡，它在高高的天堂裡，即使現在每個人都知道地球是圓的。我們現在所在的美國，它的上方並不是印度的上方；美國的上方反而是印度的下方，我們在他們的下方。我們上方的天空也不在他們的上方。但是全世界各地的人仍然仰望著天空，認為神生活在上方，在天堂裡。過去人們一直認為天堂在上方，而不同人的上方覆蓋著天堂不同的角落；但是現在，你知道地球是圓的這個事實，而且你還知道地球不是固定不動的，因為地球一直不斷地自轉著，所以幾分鐘之前你的上方，在幾分鐘之後就不再是你的上方。幾個小時前的上方，在幾個小時之後也不再會是你的上方；它可能變成你的下方。你的神需要進行一種真正的馬戲表演才能夠滿足「他在你上方」的這種欲望。你所給他的這種任務，就算他是全能的，他也沒有辦法完成。那根本就是不可能的。

但是孩子會開始模仿；不論父母做些什麼，孩子會開始跟著做。父母上教堂，孩子也會上教堂。父母去猶太教堂，孩子也會去猶太教堂。這是一種違反自然的教育。而一個能夠愛神的人，他永遠也不會知道愛是什麼。

就是想一想：一個不知道神是誰，不知道神在哪裡，不知道神是否存在，不知道神是否值得被愛，卻依然能夠愛神的人，他會對你還有你的愛感興趣嗎？他對神一無所知，但是他愛著神、愛著耶穌基督，他甚至不知道耶穌是否是歷史上的真實存在。

如果基督教關於耶穌基督的故事是真實的話，那麼耶穌基督不可能是歷史上的真實存在。

那是互相矛盾的。如果他們關於耶穌的故事是真的，那麼耶穌不可能是真的。耶穌只有在一個條件下才會是真的：那就是基督徒所說的故事被證明是假的。所以，現在這裡有一個很麻煩的問題，因為如果基督教關於耶穌的故事都被證明是假的，那麼基督徒不會對這樣的一個耶穌基督有任何興趣的。人們對他有興趣是因為那些你已經證明為虛假的故事。一旦那些故事被去除之後，一旦你去除掉處女生產、耶穌行走於水面上、耶穌把水變成酒、把石頭變成麵包的故事，還有去除掉耶穌治癒盲人、殘障人士、癱瘓人士還有讓死人復生等故事，那麼耶穌對人們會變得毫無意義。因為所有這些故事是基督徒產生信心的基礎。

我說，如果這些故事都是真的，那麼耶穌就是一個神話人物。他不可能是歷史上的事實，因為一個真實的人類不會在水面上行走。水不可能變成酒，石頭也不可能變成麵包。從耶穌的生平裡，你可以找到足夠的證據證明這些事情是假的，因為那段時期裡，耶穌和他的門徒常常都是飢餓的，因為他們所經過的村落非常反對他們，常常他們只能空著肚子入睡。人們不給他們住處，也不給他們麵包。如果他真的能夠把石頭變成麵包的話，哪裡還會有這些問題呢？

如果他可以提供食物給全人類的話，那麼他早就改變了全人類的狀態，猶太人也不會把他送上十字架了。這個世界上有充分的石頭，如山巒般的石頭。他可以把喜馬拉雅山變成一個巨大的麵包，那足以讓印度人吃上好幾個世紀。他也可以把海洋變成酒，這麼一來，人們再也不用擔憂了；甚至連窮人都可以喝的起最好、最古老與最精緻的酒。

如果他可以讓死人復生的話，那麼與其讓拉撒路（Lazarus）這個沒有任何作用的人復活，不如……我看不出來讓拉撒路復活有什麼價值。他可以選擇讓摩西、亞伯拉罕、以西結（Ezekiel）這些人復活的，這麼一來，猶太人會崇拜他而不是把他送上十字架。如果他讓所有這些老先知復活的話，毫無疑問的，猶太人絕對會接受他是神唯一的兒子。然後還有什麼需要爭辯的呢？他可以透過行為來證明他自己。但是那些故事就只是故事而已。耶穌如果是歷史上的真實人物，那麼所有這些奇蹟都只能是假的。然而，一旦你去除了這些奇蹟，基督徒不會對耶穌感興趣的。因為這麼一來，他還剩下些什麼呢？人們為什麼要相信他呢？

人們從來都不是真正的相信他。這就是為什麼我說我的宗教是這個地球上第一個也是最後一個宗教，因為你在這裡和我在一起，不是因為我可以做出任何奇蹟。你在這裡和我在一起不是因為我有任何的奇特之處。我沒有任何來自於神的權威，我沒有任何經典的支持。我就是和你一樣地平凡。到目前為止，這種情況從來不曾發生過。人們愛耶穌是因為他的奇蹟；如果你拿掉那些奇蹟，他們的愛會消失。人們是被那些神奇的奇蹟所吸引，他們關心的完全不是耶穌這個人。人們被克里希納所吸引，那是因為他是神的化身，還有他創造了許多奇蹟。如果你拿掉那些奇蹟，克里希納也就結束了！

但是你沒有辦法結束我。你可以拿走我所有的一切，但是你不會結束我，因為我不曾試圖用任何方式來影響你，我不曾做出任何超人的行為來吸引你。你可以拿走我所有的一切，但是你和我的關係是不變的；它是不會改變的，因為從一開始，那就是一種單純的關係。

在基督徒和耶穌的關係、猶太教徒和摩西的關係，還有印度教徒和克里希納的關係裡，人們所關心的從來不是他們這些個體。如果耶穌在路上遇到你並且對你說：「我是耶穌基督。」你會要求他的第一件事情就是在水上行走。

但是你無法這樣要求我。你甚至不會要求我走動，因為我甚至不曾做過那樣的奇蹟！在水上行走……你不可能這樣要求我，那只會讓你看起來很蠢。但是對於耶穌，你會要求他這樣做，而你這樣要求是完全正確的。如果他溺水的話，那麼他就是溺水。因為那是違反物理法則的，他是一定會溺水的。然後，對於一個會溺水的耶穌，你和他會有什麼樣的關係呢……，你會匆忙跑上前跳下水去拯救他，替他進行人工呼吸。對於這樣一個人，你跟他會有著什麼樣的關係呢？就是想一想這一點。不，你不會和耶穌、馬哈維亞、克里希納有任何關係的，完全不會。因為你的注意力已經被轉向其他事物了。

他們教導你去愛耶穌。為什麼，因為他能夠把水變成酒嗎？就算是他能夠把水變成酒，那也不表示他值得你的愛。事實上，他違反了法律，他應該站在吧台後面的。沒有任何執照就把水變成酒……那是違法、違反政府、違反社會的，他是應該受到處罰的，而我看不出他為什麼因此而值得你的愛。而且把水變成酒是老掉牙的故事了。現在，他應該把蔬菜變成菸草和大麻才對。那些政客們不斷地引用耶穌所說的話，但是卻不認識這個人，如果今天他在這裡，而且他要製造一些奇蹟的話——如果他在這裡，他一定得製造出某些奇蹟，否則他只會是個無名小卒——那麼他會變成美國最大的毒販。那會是唯一一個美國人能夠了解的奇蹟。他不會把石頭變成麵包，因為美國已經有足夠的麵包了，他會把石頭變成LSD（毒品）。

不，他從來不曾做過任何那些事情。但是這麼一來，你的愛和你的信心都會消失不見。從你的童年開始，你被教導著要愛神，你被教導著要愛一個你所不認識的神；你甚至不確定他是否存在。你的愛被轉向一個絕對想像性的方向，其中沒有任何相對應的事實。你對耶穌的愛並不是針對耶穌這個人，而是針對那些吸引平庸頭腦的驚奇事物。

如果你有任何聰明才智的話，你會看到這其中的荒謬之處。

但是從你的童年時期，他們就把你的愛轉向一個不實的方向。這是一種非常狡猾的方式，他們讓你去愛一個典範、一個特定的方向，而那是不可能的對象；然後因為這一點，那些可能的對象將再也無法吸引你。一個被教導要愛神的人會覺得如果他愛上一個男人或是女人，那是一種墜落。神在那裡，高高在上，在天堂裡，而眼前這是一個平凡的男人，一個平凡的女人！他們給了你一個不可能的愛的對象，這讓所有的可能對象都變得低你一級。就算是出於自然本性和生理反應，你墜入了愛河，你內在某個部分仍然會持續地說：「這是不對的。」你會一直覺得有罪惡感。這是他們對你的愛所做的其中一件事情。

第二件他們做過的事情是他們對你說：「愛你的母親。」為什麼呢？「因為她是你的母親。」這就足以讓愛存在嗎？你需要因為某個人是你的母親、父親、女兒、兄弟、姊妹而愛這個人嗎？這些關係沒有辦法產生愛意。它們或許可以創造出某種敬重，因為她是你的母親，你敬重她。他是你的父親，你敬重他；他把你撫養長大。但愛不是某種你可以設法辦到的事情。敬重是某種你能掌握的事情，但愛不是。

愛，當它來的時候，它會像颶風一樣地來到，它圍繞你，它緊緊地抓住你。你再也不在了。某種遠高於你、遠大於你又遠深於你的事物，佔據了你。

為了避免這種事情，他們用愛這個名義教導你變得虛偽：「愛你的母親。」當這種「愛你的母親、愛你的父親、愛你的兄弟、愛你的妻子、愛你的先生、愛你的孩子」的教導，被重複過許多次之後，你甚至不會問：「這是可能的嗎？去愛某個人是人類所能夠做到的事情嗎？」這個極為根本的問題被全然遺忘了。

如果你被教導要愛某個人的話，你該怎麼辦呢？對了，你可以演戲，你可以假裝，你可以重複那些電影、小說裡的美好話語。你可以說出美好的話語，但是你的內在沒有任何起伏。你並不在愛裡，你只是在演一齣戲。而悲慘的是我們大部分的人終其一生都不斷地生活在表演當中，愛的戲碼從來不曾發生過。真正的戲從來沒有上演過，我們只是持續不斷地演練著。然後就算有少數人的愛情戲碼上演了，它也跟其他事情一樣的虛假，因為你的心不在其中。它是死寂的，它沒有呼吸。它沒有溫暖、沒有活力、沒有舞蹈。你持續地進行它，只因為你被教導著這麼做。它就像是一種練習活動、一種體操、一種禮儀和禮節，它可以是任何事情，但就是不是愛。

他們藉由這些方式來摧毀你真實的愛。

你的問題說：我曾經說過愛和恨是同樣的能量；然後，為什麼這個世界上有這麼多的恨而沒有這麼多的愛？這是因為從來沒有人教導你關於恨的事情；因此，恨仍然是純粹、無雜質的。沒有人打擾過你，沒有人告訴你該如何恨、該恨些什麼人。因為你的父母、老師和教士不曾碰觸過恨的部分，所以它有一種純淨、一種真實性。

當一個人恨你的時候，你可以信任他是真的恨你。但是當他愛你的時候，你沒有辦法信任他。你自己知道，當你痛恨某人時，那是一股無比的力量，而當你愛某人時，那其中沒有什麼力量可言。你對敵人的記憶要比你對愛人的記憶深刻許多。你可能會忘記你的朋友，但是你沒有辦法忘記你的敵人。

這其中到底發生了什麼事情？這是因為你的愛受到了扭曲，然後人們把某個不真實、不是愛的東西交給了你。你一直玩著這個人們稱為是「愛」的玩具，卻不曾覺知到你內在有著愛的潛能。所以，當你愛的時候，它只是普普通通的愛，它只有皮膚一樣的深度。稍微擦碰一下，它就不見了。但是當你恨的時候，你的恨來自於肝膽深處。它不是皮膚般的深度，它深及臟腑。

我一直很驚訝你的恨是如此地純粹，如此地真誠、自然、充滿了自發性。就因為這份自發性、自然、真誠和純粹，我在其中看到某種美，而那是你的愛所沒有的美。你的愛是虛假的。

這就是為什麼在這個世界上，你不曾看到多少的愛，卻看到許多的恨。

在這個世界上，你聽過太多關於愛的語言。每個人都愛著其他每個人，並且不斷地談情說愛，但是那只是嘴巴上的巴拉、巴拉、巴拉！全世界各地都是如此。每個人都談論著愛，訴說著美好的話語，但是事實上，你到處看到的都是恨。

宗教痛恨著彼此。國家痛恨著彼此。政黨痛恨著彼此。不同階層的人也痛恨著彼此。就是四處看一看，你會非常驚訝地發現有多少恨的源頭在那裡。然後每十年、十二年，你就會需要一場戰爭。這世界上這麼多的恨意存在著，而且它還不斷地日積月累著。你每天都不斷地表達恨，但是它仍然不斷地大量累積著，所以每十年、十二年，世界上就會爆發一場大戰。在這個世界上，三千年的歷史裡曾經有過五千場戰爭。這是誰的責任？責任在於那些不斷教導你愛、善良與慈悲的好心人士。沒有人教導過你關於恨的事情，所以它仍然還存活著，它比愛更為強烈、更有活力、更為年輕且鮮活。

我希望有一天，不再有人會教導你關於愛的事情。你需要自行經驗。你需要被教導去覺知自己內在的發生，至於你內在有的是恨還是愛，那並不重要。重要的是如果你恨的話，你會帶著覺知去恨。如果你愛的話，你會帶著覺知去愛。

如果我要教導你一些事情，我不會教導你應該去愛哪些人，還有如何去愛他們。那些全都是鬼扯蛋。愛是你最根本的品質。它是你與生俱來的，就像是恨一樣。我會教導你的是覺知。在任何事情發生之前，不論那是愛還是恨，不論那是憤怒、熱情、慈悲還是任何事情，就是覺知它。讓所有一切都來自於你的覺知。

而覺知的奇蹟在於：你不需要說任何事情，你不需要做任何事情，它會讓所有你內在的醜陋之處消失融化在你的美好裡。

覺知是一股蛻變的力量。

比如說，如果你覺知到憤怒，它會消失。如果你覺知到愛，它會變得更為茁壯。當恨意在那裡，而你覺知到它的話，它會消失、消散。很快地，你會發現那些恨的雲朵消失了，然後一種全然相反的品質——一種慈悲、仁慈和愛意的綜合——會被留存下來，就像是一種氛圍一樣。

對我來說，這才是你的準則：

不論有什麼隨著你的覺知而變得更為深入的，那就是善。不論有什麼會隨著你的覺知而消失的，那就是罪。對我來說，這就是你定義的方式。我不把任何一種行為標示為罪刑、善行、對或錯，行動本身不具有這樣的品質。而是你的覺知。

就是試試看，然後你會很驚訝地發現，你內在有些事物無法存在於覺知裡，它們就是一定會消失。

覺知的作用幾乎就像是魔術一樣。

而你可以實驗一下我所說的話。我並沒有要你相信我的話語，因為相信不會帶來任何幫助。你需要自己去實驗它。你需要自己去看一看，你內在的不同事物，看看哪些會留存下來，而哪些會消失不見。

只有你，能夠為自己發掘什麼對你來說是對的，什麼對你來說是錯的。然後，在你所有的行動裡保持一份覺知，這麼一來，你的生命裡不會找到任何怨恨、憤怒和嫉妒。

不是因為你丟棄了它們，不是因為你壓抑了它們，也不是因為你擺脫了它們，或是透過某些方式來反對它們。不，你沒有做任何事情，你甚至完全不曾碰觸它們。這就是覺知所具有的美，它從來不壓抑任何事情，但是，這些事情就是會消融在覺知的光亮裡，有所蛻變。至於愛、慈悲、仁慈、友善和了解這些品質則會因為覺知而變得更為紮實、更為整合、更為深刻且更為有力。

到目前為止，所有的宗教都讓人們的頭腦把焦點放在行動上。然後貼上標籤：這是壞的，這是好的，這是你應該要做的，這是你不應該做的。我想要改變這整件事情的焦點。

行動本身無關乎對錯。真正具有決定性的是你，是你的警覺性，那才是讓事情有所不同的部分。任何帶著覺知的行動都可能會變得美好；而這同樣的行動在沒有覺知的狀況下可能會變得醜陋。透過你的覺知，同樣一個行動在某個情境底下它可能會消失，而在另外一個情境底下它可能會變得更為紮實、更為茁壯。所以，行動和情緒本身並沒有一種固定的品質；它會受到一千零一種因素的影響。但是你的覺知會注意著所有的一切，你不需要擔憂。覺知就像是光亮一樣，在這份光亮底下，所有一切對你而言都會變得清晰可見。

有一個禪宗和尚，在他的一生裡，他一次又一次地被關進監獄裡。他是一個偉大的師父，有著上千名弟子。甚至連當時的國王都很愛他、敬重他。他的弟子祈求他，對他說：「你為什麼要做這些奇怪的事情呢？我們完全無法理解，這實在超過我們能夠理解的範圍。」因為他會偷取他門徒的一些小東西，然後很自然地，他會因此而受到懲罰。

當時的國王對他說：「我們知道這其中必然有一些原因。你為什麼要偷一隻鞋子呢？那沒有任何意義，你不可能只穿一隻鞋子。結果現在，我們必須把你送進監獄兩個月。」當這個禪師聽到這種消息時，他總是很高興，他經常會對這個國王說：「你可以把我關久一點嗎？因為，不論如何，當我出來之後，我還會再做一次同樣的事情，到時候你又要再次把我關進去。何不乾脆把我關久一點，那麼我就不用做那些事情了。」

只有在最後，當這個禪師就要過世時，他的弟子問他：「現在，至少讓我們提出這個問題，因為我們再也沒有機會知道你為什麼要偷取那些東西了，那些東西對你來說根本就無關緊要。我們隨時都願意為你購買任何東西，但是你從來沒有說過任何話，你從來不曾提出任何要求。」

他笑著說：「真正的原因是我想要在監獄裡待久一點，那裡面有三千個人，而我在那三千個人裡，找到了一些比監獄外更為天真、更為自然的人。監獄外面有許多的師父、許多的宗教，他們各自進行著他們的工作。但是沒有人去照顧監獄裡那些可憐的傢伙。當我在那裡的時候，我教他們靜心，我教他們如何覺知，那個監獄變成了一個僧院！我們讓那個監獄徹底改變了！那裡所有的人都靜心著。監獄的看守員沒有發現這一點，因為每個人只是帶著覺知做著他們該做的事情。他們還是做著和以前一樣的工作，砍柴的人繼續砍柴，鑿石頭的人繼續鑿石頭，鋪路的人繼續鋪路。不論他們先前做的是什麼，他們還是繼續之前的工作，但是，他們現在進行的方式完全不同了。」

他繼續說：「我進去的那個監獄，是我目前所知最棒的一座僧院，因為那個監獄裡有些人是終生監禁，有些人是監禁二十年、三十年。這實在是一個絕佳的機會，因為他們有三十年的時間可以靜心而不會受到外在世界的干擾。我還能夠在哪裡找到這樣的人呢？我在那裡非常的快樂，因為我在我的身後，在那個監獄裡留下了一道細流，它會持續好幾個世紀。這個監獄會是一個全然不同的監獄。不論誰來到那個監獄裡，他們都會開始靜心，因為永遠都有一些老經驗、老資格的人在那裡。」

這裡，從表象看來，一個偷竊的人是錯的，而一個經常入獄，一次又一次被判刑的人，絕對是一個罪犯。但是如果你根據這個人的意識，以及他出於意識的行動來判斷，那會變成全然不同的一回事。

永遠不要從一個人的行動來評判他，因為真正重要的不在於行動，而在於行動裡的那份意識。但是，我們常常都是透過行動來進行評判，因為行動是外在可見的，就像是物體一樣。至於意識，我們則無從得知。

在一個禪宗的僧院裡有這樣一件事情發生過……那個僧院有兩側，左側和右側。這個僧院從一開始就是這樣建造的。其中有五百個和尚住在右側，五百個和尚住在左側，而師父則住在這兩側房屋的中央。

這個師父有一隻貓，那是很美的一隻貓，而所有的弟子都非常喜愛那隻貓。但是偶爾他們會有一些爭執，因為某些特殊活動、特殊娛樂的關係，住在左側的人想要那隻貓，但是住在右側的人在那段時間裡不願意把貓給他們。結果這隻貓變成他們不斷爭執、吵鬧的原因。有一天，這個師父把所有弟子都召集過來，並且要他們把貓帶過來。他對他們說：「你們兩邊都愛這隻貓，但是貓只有一隻。」所以他把貓切成了兩半──那震驚了所有的弟子──然後他對他們說：「現在，你們這邊可以擁有半隻貓，而你們這邊也可以擁有半隻貓。現在，這個僧院裡面再也不會有任何爭吵了。」

當時一片沉默。沒有人能夠了解為什麼這樣一個非暴力的人會把貓切成兩半。他們都非常驚訝、擔心、憂慮這件事情。這個故事傳到了皇帝那裡，他也是這個師父的一名弟子。他沒有辦法忍住他的好奇心；隔天他來到了僧院裡。他問說：「我聽說你殺了你最愛的那隻貓。」

這個師父說：「我沒有殺了那隻貓，我扼殺的是一場衝突，這場衝突不斷地累積，並且越演越烈。除非我採取激烈的行動，否則這些笨蛋是無法了解的。我沒有殺掉那隻貓，因為沒有什麼因此而死亡。那隻貓因為這些笨蛋而從牠的身體裡自由了。而且不論如何，牠都要死了；牠已經活了很久了，牠頂多只能再活一年或兩年。」

「所以，在我殺牠之前，我非常的寧靜、覺知，我問我自己：『這隻可憐的貓在這兩年裡會做些什麼？什麼也沒有。但是在這兩年之內，這些笨蛋會做出更多的傻事。』」

「我並不是出於憤怒而殺了那隻貓，我並不是出於恨意而殺了那隻貓。我愛牠，而且我現在更愛牠了，因為牠協助我解決了這個問題。這對那些笨蛋來說是一個很好的驚嚇，沒有這場驚嚇的話，他們的聰慧不會發揮作用。偶爾你需要敲一下他們。」

而事情也確實是如此，在那天之後，所有的爭執都消失了，因為那些弟子開始意識到這個人是一個危險的人，他可能會殺掉某人；這種爭執可能是危險的。所有的爭論都停止了。

而這個皇帝非常的滿足。他說：「這一直都是您的教導：重點不在於行動，而在於意識。我們只能夠看到行動；我們看不到您是在什麼樣的意識之下採取了行動。只有您才知道。我們是誰？我們怎麼能夠做出任何評判呢？」

永遠不要根據行為來評判一個人。

等待，試著發現其中的覺知，否則，你就不要做任何評判。不做評判是安全的。至於你自己，記得，不論你做些什麼，你只需要記住一件事情，那就是帶著全然的覺知去進行。這樣的話，我允許你全然的自由。

沒有任何宗教曾經允許你自由。我允許你全然的自由。沒有任何宗教曾經把你自己的責任交給你，沒有任何宗教曾經給予你權力來決定：什麼是對的，什麼是錯的。我給予你這項權利、這項責任，因為對我來說，所有一切的事情都來自於一個源頭，而那就是覺知。

提出這個問題的人說，我曾經談論過愛——我的訊息就是愛——我也曾經說過，一個開悟的人既不是愛也不是恨。這裡，與其問我這個問題，你有足夠的成熟度了解這個簡單的問題。它是如此的簡單：透過覺知，所有恨的能量會轉化成愛，然後它會是一種全新的現象，它需要一個新的名稱。但是能怎麼辦呢？語言是如此地貧瘠，所以我們只能使用同樣的字眼，然後給予它們不同的意義，不同的定義。

我所說的愛不是那種與恨兩極相對的愛。我所說的愛是那種能夠吸收恨意，並且加以蛻變的愛。

在這裡，問題出現了，如果再也沒有恨的話，這股能量怎麼能夠被稱為愛？又為什麼能夠被稱為愛呢？

在我們的頭腦裡，愛對抗恨。但是在這裡，沒有與愛相反的事物。這就是為什麼，偶爾我要提醒你，開悟的人既不是恨也不是愛，我這麼說是為了否定你的恨與愛。關於兩極對應的這種愛與恨，一個開悟者兩者都沒有。但是這並不表示他是漠不關心的，雖然對你來說，他看起來像是漠不關心的。這就是為什麼我說語言是貧瘠的。

如果一個開悟的人沒有愛，也沒有恨，那並不意味他是漠不關心的，不，這不是我的意思。開悟的人他擁有的是一種新的、嶄新品質的愛，而那不是與恨對立的事物。在這裡，你找不到任何字眼來表達它；所以我只能說一個開悟者沒有你所謂的恨，也沒有你所謂的愛。再不然，我只能說他的愛是一種全新品質的愛；這種愛比較像是慈悲，而不是熱情，這種愛比較像是連結（relatedness），而不是關係（relationship）；這種愛比較是一種給予，而不要求回報。你平常所說的愛是一種交易，交易的雙方都試著透過較少的代價獲得更多一點的回報。

一個開悟的人就只是給予。他並不想要從你這裡得到任何東西，事實上，你也沒有什麼能夠可以給他的。有什麼是你能夠給予的呢？他給予是因為他擁有的太多了，像是負荷過重一樣。他給予是因為他就像是充滿了雨水的雲，所以他灑下雨水。這些雨水降落在哪裡、降落在誰身上並不重要，不論那些雨水落在石頭上，還是落在豐沃的土壤上、在花園裡、在海裡……那都不重要。這朵雲就只是想要卸下它的負荷。

一個開悟的人就像是一朵充滿雨水的雲。

他給予你愛，而不希冀獲得任何回報。他分享，而你感謝的方式就是允許他有這樣一個機會，讓你自己敞開、帶著接受性以及一份脆弱來接受；當他準備要把他的祝福灑落在你身上時，你不拒絕他；你盡可能地敞開心，盡你所能地接受。

這個世界可以充滿愛，我所說的這種愛。只有這種愛能夠蛻變這個世界上的恨，而不是你被教導過的那種愛。你被教導過的那種愛不曾讓這個世界變得更具有愛意，它讓這個世界充滿了更多的恨；它讓它的恨變得更為實質，也讓它的愛變得更為虛偽。

我想要一個充滿愛的世界。但是你要記得，這份愛是沒有與之相對的事物。它純粹是因為你，你的內在擁有一份覺知，能夠把你的恨蛻變成愛。甚至當我說「你蛻變它」，這都不是一種正確的說法，但是對於語言，我們能夠怎麼辦呢？不論你說些什麼，你所說的話都會有些錯誤，當你說出它的時候，有些事情已經出錯了。

事實是，覺知本身會把你的恨蛻變成愛，而不是你去蛻變它。你的工作和功能就只是保持覺知。不要讓你生命中的任何事情是毫無覺知的。

我在這裡給予你的是最簡單、最自然不過的宗教。這就是為什麼我會說，這是第一個也是最後一個宗教，因為它不可能變得更簡單了。沒有什麼能夠比覺知更為根本的了；我們已經來到了最後的根源。再也沒有其他超越它的方式了，也沒有其他更進一步的方式了。這就是了！

就是做著所有你在做的事情，但是保持覺知。讓你自己持續地記住這一點，不要讓任何行動是無意識的。

這會需要一點時間。每一天，你會錯過許多事；你要到稍後才會記得「我的老天啊！我又忘記了」。但是這不是什麼需要擔憂的事情。不要因此而變得憂慮；否則你會持續地錯過。那些過去的已經過去了；不要浪費任何片刻在那些過去的事情上。好事是你又記得了。運用這份記憶來覺知當下你做的任何事情。

你會忘記很多次，然後你會重新記得很多次。然後慢慢地，慢慢地，你忘記的時間會越來越少，而你記得的時間會越來越多。遲早有一天……當你記得的部分超過你所忘記的部分，當你記得的份量超過你所遺忘的份量時，突然間，一種革命、一種蛻變會發生。突然間，你成為一個不同的人，一個新人類誕生了。而這個新人類會發現這整個世界都是嶄新的，因為他擁有新的眼睛、新的視野、新的耳朵、新的聽覺、新的雙手以及一種新的感受和觸碰方式。而這樣一個具有覺知的人會開始引發他人的覺知。不是透過任何的作為、努力，你也不需要做什麼事情——那份作為正是阻礙覺知的原因——你就只是持續地按照自己的方式生活著，走在自己的路上，然後事情會開始自行發生。某種程度來說，你的存在會在那些接近你的人身上發生作用……一種新的能量會開始升起，一種新的火焰會開始出現。你沒有做任何事情，對方也沒有做任何事情；它就是自己發生了。這其中只需要一種親近、一種友誼。

而這就是師父的作用，他的身邊聚集了一些朋友。他沒有什麼需要達成的目標，沒有什麼特別需要做的事情。一個師父的作用就是保持敞開。沒有人知道那個跳躍發生的邊界在哪裡，沒有人知道，你何時敞開了自己，然後光只是來自於師父的一個注視，事情就從此改變了。

這些片刻是無法預知的，所以你只能在覺知裡寧靜地等待。

你唯一能夠做的事情就是：不製造任何障礙，不製造任何妨礙。不讓自己持續地緊縮或保持距離。就是放輕鬆……逐漸地靠近。你不會失去任何事情，你只會有所獲得。

問題

能否請你談一談寧靜的力量，以及隨之而來的責任？比如說，我曾經聽你說過，科學家能夠根據精子的基因分析來選擇未來的人類。我不信任科學家、醫生或任何只有頭腦知識的人。我直覺地覺得基因對於一個人會成為什麼樣子的影響並不大。一個園丁或許可以成為一個很好的音樂家；一個軍人或許有著成為科學家的潛能。我們不能只由一個人所在的不同處境來衡量一個人。誰能夠從您父親的精子和母親的卵子中預知您的存在呢？請多談一談您建議中潛藏的洞見，由於我對極權管理的恐懼，所以我無法看到這其中的洞見。

我了解你的顧慮；這也是我所顧慮的事情。但是這其中有許多值得了解的部分。首先，永遠不要出於恐懼而行動。如果人們出於恐懼而採取行動，那麼這個世界就沒有前進的機會。

比如說，那些發明了腳踏車的人……你能夠想到它有任何的危險嗎？你無法想像腳踏車會是危險的。當萊特兄弟運用腳踏車的零件製造出第一個飛行儀器時，全世界都感到歡欣無比，因為當時沒有人能夠預知到，飛機會被運用在戰爭裡，成為一個可以摧毀百萬人口城市的工具。但是，這同樣的飛機也可以在世界各地載運上百萬的人。

飛機讓這個世界變小了，飛機讓我們可以把這個世界稱為地球村。飛機在人與人之間建造出橋樑，它讓不同種族、不同宗教、不同語言的人能夠聚集在一起，而這不是任何其他發明能夠做到的事情。所以，你要記得的第一件事情是：出於恐懼而行動不是一種對的方式。

就是謹慎地行動，帶著意識地行動，記得這個行動中的可能性與危險，然後創造出一種氣氛，來避免這些危險。現在，有任何事情比那些政客手裡的原子武器還更危險的嗎？你已經把最危險的東西交到他們的手裡了。

所以你現在沒有什麼需要害怕的了。甚至連原子武器都可以找到創造性的運用方式。我對生命有著深深的信任，我信任它們會以一種創意性的方式被運用。生命不可能允許它自己被輕易的毀滅，它一定會強烈的反抗。而在這樣的反抗裡隱藏著一種新生，那是新的人類、新的黎明、新的秩序以及所有生命和存在的誕生。

對我來說，原子武器已經讓世界大戰成為一件不可能發生的事情。佛陀沒有辦法做到這一點，耶穌基督沒有辦法做到這一點。所有這個世界上的聖人都一直談論著非暴力、不要戰爭；他們都沒有成功。但是原子武器做到了他們想做的事情。看到原子武器所具有的危險性，每個政客的內在深處都顫抖著，如果第三次世界大戰發生的話，所有的生命都會被毀滅，包括他自己。他無法拯救自己。沒有任何事物會留存下來。對於那些熱愛創造的人來說，這是一個絕佳的機會。在這樣一個時刻裡，我們可以把整個科學的潮流轉向創造性的方向。

記得一件事情：科學是中立的。它只給予你力量。至於你要如何使用這股力量完全取決於你，取決於全人類以及人類所具有的聰慧。科學給予我們更多的力量，來創造出更好的生命、更為舒適的生活環境以及更為健康的人類。你不需要因為害怕某些極權力量可能會誤用它，而阻止這些事情的發生。

所有事情都有可能被誤用。提出這個問題的人是一個醫生；他自己也是科學家的其中一員。但是他需要了解一件事情：所有能夠帶來傷害的事情也可能帶來莫大的福祉。不要譴責任何事情；你需要的是提升人類的意識，否則你會掉入甘地曾經掉入的謬論裡。

一旦你開始出於恐懼而採取行動時，你要在哪裡停下來呢？甘地有著同樣的邏輯，所以他停在手工紡車這裡。手工紡車是人們上千年前的發明，而甘地不接受在那之後出現的所有發明。他想要摧毀在手工紡車出現後的所有發明物。他反對火車，因為在印度，火車被用來奴役這個國家。當初印度製造火車並不是為了人們的舒適與便利，印度建造火車是為了運輸軍隊，以便軍隊能夠在短時間內從這個國家的某個地方到達另外一個地方。印度是一個土地廣大的國家。有些地方就算是搭火車，你都需要花上六天的時間。它自己幾乎就是一個洲了；為了控制這樣一個國家，英國人建造了巨大的火車網路。其中最基本的目的就是為了軍隊的移動。

但是這不會讓我們因此而決定火車和鐵路需要被摧毀。因為那意味著人們的交通也會受到限制，再度回到黑暗時期。但是甘地甚至不喜歡像是電報、電話、郵局這種天真無害的事物，因為在印度，這些東西最初都被用來控制這個國家。後來慢慢地，慢慢地，它們才成為服務大眾的工具。每一項發明一開始都被軍隊以及戰爭分子所使用，它們是後來才成為一般大眾的工具。

我們需要做的事情不是倒退；否則你會毀了整個人類。我們需要的是前進並且從過去的教訓裡有所學習，讓科技獲得發展的同時，也讓人類的意識能夠同時獲得發展。然後那會形成一種保護，不讓科技成為危害人類的工具。

我不同意甘地的根本原因在於：他讓人類倒退。一開始的時候，馬匹是由士兵所使用的。難道你會因此而說我們再也不應該使用馬匹嗎？事實上每一項運輸工具一開始的時候都被用來製造死亡。現在這個世界上有著各種類型的醫藥，而其中的對抗療法醫學是目前的正統醫學，但是就藥物而言，它是最具有毒性的東西。它掌握在權威人士的手裡。

現在，很多人非常關切一件事情，那就是軍隊正在發展一種名為死亡光的光線。那是由太陽所分離出來的光線；它之所以沒有照射在人類身上，是因為地球周圍有一層臭氧層避免這種光線的進入。臭氧能夠把這種死亡光反射回去。但是當人類的第一個火箭抵達月球時，人們開始發現這些火箭會在臭氧層上形成破洞，然後死亡光從這些破洞裡進入。結果癌症的罹患率馬上上升到一種不可思議的地步，到底發生了什麼事情呢？後來人們發現這是因為一些過去從來不曾照射到地面的光線，它們現在開始照射在地球上了。

蘇聯政府試著製造這種死亡光。除了發射原子武器、飛彈還有透過無人駕駛的遙控飛機輸送炸彈以外，它們還試著尋找某種更為精密的武器。只要傳送光束……而你沒有辦法做任何事情來對抗那些光束，因為你甚至看不到它們。但是它們會摧毀所有一切，只有建築物和馬路不會受到影響。它們會摧毀生物，像是人類、鳥類、動物、樹木以及所有具有生命的事物。當死亡光束觸及生命體的時候，生命就消失了。那會是一場真正的惡夢。所有的房子和街道都會依然存在，商店也會依然存在，所有一切都會存在，但是就是沒有生命。

但是即使如此，我也不會說：不要研究這種死亡光。當蘇聯政府開始研究這種死亡光的時候，美國也馬上開始研究如何避免這種光線、如何偵測它、如何把它反射回去以及如何創造出反死亡光。或許，未來這些都會變成是可行的事實，因為就算人類不使用這些東西，但是如果未來臭氧層在不同區域持續破裂，死亡光進入大氣層時，我們或許能夠用反死亡光把它們反射回去。我們或許能夠在更為接近地面的地方創造出另外一層臭氧層。

所以不要出於恐懼而行動；你需要的是一種全面性的觀點。如果恐懼存在的話，那些恐懼並不是來自於科學所產生的力量，而是來自於人們的無意識。在無意識人們的手裡，任何事情都會是危險、具有毒害的。

改變人類，但不要阻止科學的發展。比如說我曾經談論過最新的基因科學。到目前為止，人類一直生活在意外裡，生活在生理盲目的掌控裡。你不知道你會生下什麼樣的孩子，你不知道他是否會是盲眼、智障、殘障還是醜陋，而這個孩子卻會因此而終生受苦。在某種無意識的向度上，你是有責任的，因為你曾經不曾試著找到一些方式，讓自己能夠生下健康的孩子，不盲、不聾、不啞、不笨也不瘋狂。現在基因科學能夠精準的清楚某些事情，像是它能夠經由預測某種男性、女性能量組合所誕生的孩子是否是健康的。

過去在西藏，他們採用過一種非常奇怪、非常原始的方式；但是你無法對他們感到憤怒，因為他們必須那麼做。那是一種非常野蠻的方式。每當一個孩子誕生時，他會馬上被丟到冰水裡面七次。十個孩子裡往往有九個孩子會因此而死亡。在孩子誕生之後，他們所做的第一件事情就是把孩子浸入冰水裡！七次之後，那個孩子往往已經變成青紫色；你幾乎是在把一具屍體浸入水中。但是那是他們必要的方式，因為西藏位在這個世界上最高的地區，它在喜馬拉雅山的頂端。當地的生活極為艱辛，只有極度強壯的人才能夠生存下來，而那裡的冰冷是致命的。除非一個孩子能夠承受這種冰冷，否則他最好還是死亡。所以那種方式會出現是基於一種慈悲，而非冷酷。如果孩子無法承受的話，他最好是就此死亡而不是終生痛苦。因為無法承受寒冷的孩子他無法生活，他無法工作。而那片土地需要的是那些能夠承受寒冷而仍然能夠工作、生產的人。這是一種古老的基因工程。

他們進行選擇，雖然他們並不知道該怎麼辦。但是某種程度來說，他們設法選擇最健康的人；也因此，西藏人是最長壽的種族，因為所有那些會中途死亡的人，在他們一開始進入這個世界的時候就已經死亡了。他們還未開始就已經回返了！而那些活下來的人則真的非常強壯、非常固執。他們能夠活得很長壽、很健康，因為他們從一開始就已經去除了所有的弱者。而那是一種慈悲。因為你為什麼要讓一個會終生受苦於各種疾病、病痛的人活下來呢？他完全無法享受他的人生。

基因科學家沒有辦法詳細說明一個孩子是會成為醫生、工程師還是一個園丁，但是他們可以確定某些事情，有些事情是可以確定的。他們可以明確說出孩子的健康狀況以及他可能會罹患的疾病類型，人們因此可以採取一些預防措施，避免孩子罹患那些疾病。他們也能夠確定這個孩子大概有多長的壽命，以及哪些方式可以延長他的壽命。就潛能來說，他們可以預測這個孩子是否擁有成為音樂家的可能性與潛能。當然，這並不表示這個孩子未來不能成為一個醫師；這只意味著如果人們提供這個孩子適當的機會，他會成為一個音樂家，而不是一個醫生。另外，如果他沒有成為一個音樂家，而變成了一個醫生，他很可能永遠也不會感到真正的滿足。他的內在深處始終會覺得缺少了某些東西。

所以，如果基因科學家能夠預測孩子所具有的可能性與潛能，那麼社會、父母和社區則能夠提供孩子他所需要的機會。現在我們不知道孩子擁有什麼樣的潛能。但是我們還是需要作決定；父母往往會在這時候陷入困難：我是應該把孩子送去工程技術學院還是送他去醫學院？我是應該把孩子送去木匠場還是車子製造廠？我的孩子應該去哪裡學習，我應該如何決定呢？目前父母的決定往往來自於經濟上的考量，那是他們唯一的決定標準：哪一個方向能夠讓我的孩子未來獲得經濟上的成功、舒適與聲望。即使那可能不是孩子所具有的潛能，但是父母卻完全一無所知。

基因科學只是提供你一些可能性。他們並沒有說那是絕對的，他們並沒有說不論你做些什麼，你的孩子都會成為一個音樂家。他們沒有這樣說，因為後天的培養能夠轉換自然的特質。如果你選擇封閉他所有成為音樂家的可能性，而強迫孩子成為一個醫師，他是會變成一個醫師的；但是他一輩子都會是一個不情願的醫師，沒有任何的喜悅可言。

後天的培育是重要的，但是如果我們清楚知道孩子所具有的可能性，那麼我們能夠透過適當的後天培育來支持孩子。這麼一來，自然特質和後天培育可以和諧的一起發揮作用，創造出更佳的人類，他會感受到更多的滿足、更多的喜悅，並且在自己的周圍創造出一個更美好的世界。

只有一點你是對的：基因能夠顯露出所有的可能性，但是它無法顯露出開悟的可能性，因為開悟不是生理程式裡的一部分。它是超越生理現象的。因此，基因科學沒有辦法說明這個人是否會開悟。他們頂多只能說，這個人比較會感興趣於靈性、奧祕以及未知的學習。但是如果孩子感興趣的靈性學習是屬於已知的向度，那麼我們能夠提供孩子他所需要的培育，這麼一來，這個世界能夠擁有更多過去不可能出現的開悟者。

提出這個問題的人他所恐懼的是：如果遺傳學落入極權政府的手裡，那麼他們很可能會選擇那些準備順從現狀、不想要革命、不想要叛逆、一旦面對阻力就會選擇成為奴隸的孩子。

這樣的恐懼確實是存在的，但是我們可以找到某些方式來解決這種恐懼。為什麼要把權力交給那些集權政府呢？我在這裡所建議的是一種針對整個社會的方案。我的第一個想法是：國家應該要消失。這個世界應該只有一個功能性的政府。而它完全不害怕任何革命，因為它只會是大眾的公僕，而這樣一個世界政府的工作人員會像是扶輪社一樣；所有的工作人員都會每年更換。沒有人能夠擁有超過一年以上的權力，在一年的工作之後，沒有人能夠再度擔任政府機構中的任何職務。每個人只有一次的機會，只有一年的時間，這麼一來他能做什麼呢？

而且這個人的權力不會是極權式的。那些選擇他的人擁有隨時撤銷他職務的權利。只要當初投票選擇他的人有百分之五十一的人——因為他違背了他們的利益——向政府請願撤銷他的職務，那麼這個人就會失去他所有的權力。他不會擁有五年毫無限制的權力。不論如何，他會在這一年結束的時候離開這些權力，而他也不會再度擁有權力，所以他會善加運用這些權力，去做一些能夠讓人們記得他的事情。如果他試圖危害大眾的話，我們有責任撤銷他的職務。只要當初投票中百分之五十一的人提出申請，這個人就出局了。

我的規畫是針對這整個社會的；而不是局部的。這麼一來，慢慢地，大型城市會逐漸消失；小型社區會開始出現。家庭會開始消失，所以沒有所謂的家庭忠誠性，也沒有什麼國家忠誠性。孩子會由社區所養育，而不是由父母親所養育。而這個社區會決定它要擁有多少孩子，因為人們會變得越來越長壽，我們所需要的孩子也會變得越來越少。當老年人活得越來越久時，那麼我們沒有多少空間能夠提供給那些新的訪客。

在過去，只要人們想要的話，他們可以持續地生育孩子。過去的女人幾乎一直都在懷孕，直到她再也無法懷孕為止。她像工廠一樣不斷地生產，而這是因為當時人類的壽命都非常短暫。五千年前人們的壽命不會超過四十年。當一個人過世時，他不會超過四十歲，而這還是最高的壽命年齡，而不是平均值。如果人們只有三十五歲或四十歲的壽命，很自然地，這個世界上會有足夠的空間讓新一代得以誕生並且接管一切。

但是基因科學也說過：每個人所擁有的自然能力讓他至少能夠擁有三百年的壽命，而且是保持青春的。老年這件事情會消失。這會是一場巨大的革命，因為如果愛因斯坦能夠持續工作三百年的話，如果佛陀能夠持續說法三百年，如果那些最偉大的詩人、神祕家、科學家和畫家能夠持續地工作，改善他們的工作，改善他們的語言、他們的詩、他們的技能和科技，那麼這個世界會變得無比的豐富。

現在這種狀態真的是一種莫大的浪費。當一個人真的成年時，死亡已經開始敲著他的大門。這實在很奇怪，生命把一個一無所知的新人帶進來，讓他成人、教育他，訓練他、鍛鍊他，然後當他真的成熟時，卻讓他退休了。當他真的能夠做些事情時，他退休的時間也到了。而且在退休之後，幾乎沒有哪個人的壽命會多於十年或十五年，因為在人們退休之後，他變得全然無用，他會開始覺得自己是子女和社會的負擔。他失去了所有的敬重、聲望和力量。他變成了一個局外人，一個不受歡迎、還不願意死亡的客人。

你可能沒有覺察到這種代溝，這種代溝過去從來不曾出現過。由於人們的壽命變得越來越長，「代溝」這種新現象開始出現。現在，九十歲的老父親還健在，他另外三代的子孫已經誕生了。他的兒子可能七十歲，他的孫子可能五十歲，而他的曾孫可能三十歲。他們之間的距離變得越來越遠，以致於他跟他的曾孫完全沒有連結，這個老人是誰呢？為什麼他到處閒晃著？他變成一個不必要的麻煩，而且還不斷地發脾氣，他隨時隨地都可能會生氣。這有什麼意義呢？過去人們從來不曾經驗過四代或五代同堂，所以沒有代溝這回事。我自己甚至不知道我曾祖父的名字。我曾經問過我父親，他回答說：「我也不知道。你所知道的名字就是我所知道的名字。我所知道的不會比你多。」

如果我們繼續過著這種意外式的生活，那麼這種情況會變得越來越嚴重。所以社會最好能夠採取一些新的措施，發展出一種新的形式。現在舊的形式已經不管用了。社區會是這個世界的一種新的組成單位。不再有家庭，不再有國家，只有社區和一個國際化的人類。

這個社區會決定它需要些什麼，因為現在的狀況是當你需要醫生時，你找不到醫生。而工程師則找不到工作，因為社會上有過多的工程師；或是當你需要工程師時，你卻找不到工程師。現在的生活是未經規畫的，它是曲折的、意外地。這也就是為什麼社會上會有這麼多的失業人口；但是情況不見得需要是如此，事實上我們不應該有任何失業人口。因為你不應該製造超過這個社會工作所需的人口。

就像是現代的機械開始能夠取代更多的人力，它變得越來越有效率，它不會要求高薪、不會罷工，不需要輪班，它可以二十四小時不停的生產；一台機器可以取代上千個人，越來越多的人會因此而失業。

因此社會最好有所規畫，你只需擁有你所需要的人口。而且何不擁有你所能擁有的最佳人類？何不放掉這些充斥於世界各地的烏合之眾？這些烏合之眾才是最危險的，因為他們會為任何政客所掌控玩弄。

烏合之眾沒有它自己的頭腦，沒有它自己的聰慧。我們可以創造出更為聰慧、更為獨立的個體，而每一代會比前一代來得更好。這麼一來演化能夠以一種快速躍進的方式發揮作用；否則我們是停滯不前的。人類已經停滯上千年了，現在唯一有所成長的是其他各種事物：更好的車子、更好的飛機、更好的炸彈，但是我們卻沒有誕生出更好的人類。

如果人類停滯不前，而所有其他事物卻不斷地成長，這是一種非常危險的情況。這些科技和科學上的進展會成為人類的負擔。人類需要成長，人類需要一直不斷地前進。

我了解提出這個問題的人所擁有的顧慮，但是我不同意這一點。因為我總是會在暗夜裡看到一絲的光亮。不論那是多麼黑暗的夜晚，其中總有著黎明來臨的可能性。我支持任何科學上的進展，但是這種進展應該掌握在具有創造性的人的手裡，這種進展不應該掌握在好戰份子的手裡。現在，戰爭能夠停止，好戰份子能夠消失，在人類歷史上，這是人類第一次開始擁有這種可能性。因此不要害怕那些極權份子。

除非我們改變男人、女人的整個程式，否則我們無法擁有一個新的世界。我們需要放掉所有的恐懼。讓我再重複一次：永遠不要出於恐懼而行動。任何出於恐懼的行為都只會帶來退步。

帶著意識謹慎地行動。採取你所需要的所有防禦性措施，讓你所做的事情不會被誤用，但是不要回顧。生命是往前開展的。因為這一點，我觸怒了印度所有的甘地主義份子，如果不是因為這一點，他們全都是我的跟隨者。甚至連執政黨的領袖、總理還有部長，他們都曾經來過我的靜心營。但是當我開始說出反對甘地的言論時，他們都開始害怕起來。沒有人回應過我說的話語，但是他們全都開始變得害怕：「你不應該發表任何反對甘地的言論。」

我說：「我並沒有說出任何反對他的話語，而是他的建議是倒退的，那讓人類倒退回到原始時代，那讓人類變得更為野蠻。而現在的人類已經夠野蠻了。」

但是那些出於恐懼而行動的人，他們認為人類最好停止所有的科學進展，把所有的科技都沉入海裡，讓人類回到連煤油和衣物都不存在的時代，回到那個你需要自己編織衣物的時代。

如果你一天要花八小時的時間來編織自己的衣物，那麼你要花上一年的時間才能夠穿上衣服、鋪上床單。但是這麼一來，你要吃些什麼呢？而且萬一哪天你生病的話，你要從哪裡獲得醫藥呢？還有你要如何餵養你的孩子，你要如何撫養你的父親、母親和妻子呢？你的孩子們又要如何接受教育呢？如果你一天要花八個小時的時間來製作自己的衣服，誰要來支付孩子的學費和開銷呢？

這樣的社會是一個極度貧窮的社會……沒有教育。但是甘地反對教育，因為教育曾經被誤用了。他的整個哲學都奠基於恐懼：每件事情都可能被誤用……但是「每件事情都可能被誤用」的這種想法根本是沒有意義的。這個世界上沒有任何一樣事物不會被誤用。但是如果你一直生活在這種恐慌裡，那麼你只能放棄所有的一切。

現在，你的監獄裡有著這麼多的罪犯。在美國，他們擁有太多的監獄、太多的罪犯，以致於他們的法官曾經告訴政府：「如果你不建造更多的監獄，關閉法庭的話，我們再也沒有辦法收容任何罪犯，監獄裡已經沒有空間了。如果我們把某個人送進監獄的話，我們需要先釋放另外一個人，即使他還應該繼續服刑兩、三年。但是為了要騰出空間給新的罪犯，我們只能釋放他。」

全世界都充滿了監獄，而這些人只是擁有錯誤的基因程式。他們是盲目基因生理力量的受害者。你想要持續這樣意外來到的人類嗎？你難道不希望人類是經過妥善的規畫，更為聰慧且更有意識嗎？我可以了解你的恐懼，但是這是可以避免的。而且這也需要加以避免。但是我們不能因此而放棄前進。

我們可以在所有向度上創造出一個真正的超人，這種超人除了在偉大詩人和神祕家的夢裡之外，還不曾出現在這個世界上。這種超人需要成為事實。而基因科學和基因工程可以為此帶來莫大的協助。

小愛迪在做他的數學作業：「三加一，這個狗娘養的（the son of bitch），是四。」他繼續唸著：「三加二，這個狗娘養的，是五。三加三，這個狗娘養的，是六。」這種狀況持續不斷地發生。

當愛迪的媽媽聽到愛迪所說的話時，她非常震驚。隔天她去學校詢問愛迪的數學老師是怎麼進行教學的。

那個老師說：「我不了解愛迪是從哪裡學到這種說話方式的。我只教導孩子們說：三加一，它的總和（the sum of which）是四；三加二，它的總和（the sum of which）是五。」

但是，不是只有小愛迪，甚至這個世界上最年長的公民都活在這種對於事物的誤解當中。

雖然有這樣的危險性，我們仍然需要採取行動來改變這些情況。人類的聰慧完全取決於他的基因遺傳。我們可以擁有許多個愛因斯坦，我們可以擁有許多泰戈爾，我們可以擁有許多尼金斯基（Nijinskys）。這個世界可以成為一個美好的地方。但是，這當然是有風險和危險性的，而我比你更加意識到這些危險的可能。但是我仍然願意承擔這些風險，因為人類沒有什麼可喪失的了，人類已經是一無所有了，所以還有什麼值得害怕的呢？人類只會因此有所獲得而不會有所損失。

這是人類可以承擔的風險，當然這會需要意識和覺知。因此我一直在教導的就是如何變得更為覺知，如何變得更富有意識，因為一旦這些富有覺知與意識的人達到某種比例時，人類會擁有更多的可能性。意識和覺知能夠保護人類，它能夠避免科技被誤用在任何邪惡的目的上。

我們可以採取所有必要的防禦措施，但是我們不能後退。

問題

當我還是個孩子時，我常常覺得自己內在有一種叛逆的精神，但是因為它不被允許表達出來，所以它很快地消失了。現在，我開始覺得，我們每個人內在都擁有一股力量，一股能夠真正蛻變這個世界的力量。而這股力量感覺起來，非常類似於我童年時期所感受到的那種叛逆精神。請你就這個部分做一些說明。

每個人生來都是天真、平靜且帶著愛……他對於這個世界上的凶狠競爭一無所知，他對於這個世界準備用原子武器來歡迎他的這件事情一無所知，他對於人類已經被那些骯髒政客折磨了上千年這件事也一無所知。但是在孩子的平靜、愛與信任轉變成叛逆之前，我們已經摧毀了他內在那些美好的部分，取而代之的是我們內在那些醜陋的部分。這就是父母曾經對我們所做的事，好讓我們能夠重複同樣的行為。

一代又一代，同樣的疾病不斷地從一隻手傳遞到另外一隻手上。雖然他們懷抱著這個世界上最良善的意圖，但是父母、老師、各方領袖和教士把競爭、比較和野心的概念強迫灌輸在孩子身上；讓每個孩子準備好去面對他們生命裡會碰到的殘酷掙扎，換個方式來說，那是生命裡會碰到的暴力和侵略。他們知道，除非你是具有攻擊性的，不然你會落伍。你必須堅持自己，並且強力的前進。你必須競爭，就好像那是生死攸關的事情一樣。這就是我們這個教育系統裡的架構。

過去我通常是班上的第一名，那不是因為我好學，不是因為我上學規律。我只是發現學校裡所教的東西甚至不需要花費兩個月的時間，但是他們卻浪費了一整年的時間。所以我只會在學期末去上兩個月的課，其他的時間我就是享受學校以外的其他事情。我的老師非常訝異於我的表現。而我通常會在學期結束回家時告訴我父親我得了第一名，而他總是說：「那表示你班上的人都是傻子。」

我說：「這實在很奇怪。當其他人拿第一名的時候，他們的父母都很高興。但是看起來，你似乎覺得我跟一群傻子念書是很可憐的一件事。你認為這是我拿第一名的原因，不然我是不可能拿到第一名的。」

他從來不曾鼓勵過我，他從來不曾說過：「你做得很好，你應該獲得獎賞。」他從來沒有獎勵過我；他唯一的反應就是不斷地說：「這實在很奇怪，你怎麼能夠總是找到這樣一班傻子，你這樣當然會是第一名。」

但是這種情況很少見。通常父母們會用各種方式來鼓勵孩子：「你只要拿第一名，我就獎勵你。如果你拿第一名，你就為我們還有這個家庭帶來榮耀。」每個人都教導你去超越他人，不論代價是什麼。所以，孩子們遲早會變得狂熱，然後開始飛快的奔跑。甚至即使會傷害他人，他們還是會繼續往前。暴力注定會成為一個競爭社會裡的一部分。

在一個競爭的社會裡，你不會有朋友。每個人假裝是友善的，但是每個人都是你的敵人，因為每個人都爭相攀爬同一個階梯。每個人都是你的敵人，因為他可能會成功而讓你因此而失敗。所以很快地，人們開始學習到扯後腿的這項藝術，人們學習到如何運用一些錯誤的手段，因為它們讓你能夠抄捷徑。

當我還在學校裡教書時，曾經有這樣一個學生……他在考試時的行為，讓所有的老師都不願意在他所在的地方進行監考。他幾乎就是暴力的——任何時候，他都可能會殺掉某個人。他通常會帶著一把小刀到試場裡來，然後他會把刀放在桌上，讓每個人都能夠看到那把刀，所以沒有任何一個教授願意靠近他。他會帶著小抄來考試，然後他總是設法拿到第一名。沒有任何一個教授願意在他所在的地方進行監考。所以副校長要求我去那裡監考。

我說：「沒問題。」

他說：「但是沒有人願意……」

我說：「那是因為他們不了解。」

我找了一個朋友，他是一個錫克人。我對他說：「給我你的短劍。」那是一種很大、很特別的劍，比所有其他任何劍都危險。這種劍，只要一劍，就可以讓人頭落地。

他問說：「你要這把劍做什麼？」

我說：「我要教導一個學生成為一個錫克人。」

他說：「很好。伐・古汝吉・科・費它。伐・古汝吉・科・卡撒。」那是錫克人的一種咒語，意思是「這就是大師勝利的方式。這就是大師的弟子勝利的方式」。

他給了我他的劍，然後我去了考場。那個男孩子坐在那裡，小刀放在他身前的桌上。我走近他的桌子，就在他的小刀旁邊，我把劍插入桌子裡。他看著我，我對他說：「扔掉所有你帶來的小抄，就是看著我的劍。」然後我把他的刀子拿走。

他問說：「你在做什麼？」

我說：「如果你再多說一個字，只要這把劍一揮，你的頭就會落地。」

他說：「你大概瘋了。我沒有做錯任何事情，而你卻要殺我。」

我說：「這不是什麼對錯的問題。問題在於誰的刀子比較大。我的刀子比較大！我擁有這個試場裡的所有權利，把你扔出去。」然後我把他的刀子扔出試場窗外。

我說：「如果你不扔掉你所有的小抄，你的頭也會從同一個窗戶飛出去。」他把所有的小抄都交給了我，然後我把那些小抄扔出窗戶。

當時副校長正從他辦公室的窗戶看著。他想：「發生了什麼事？為什麼會有東西從考場的窗戶飛出來。一開始是小刀，然後是一些紙張……看起來那裡出了一些問題。」

他一路跑了過來。

我對他說：「你不用擔心。接下來，只有一樣東西會飛出去……如果這個男孩不遵守規定的話，你只會看到一樣東西飛出窗外。」

他問說：「什麼東西？」

我說：「他的頭！」

他把我帶到試場外面，他說：「我很抱歉找你來這裡監考。請你忘掉這回事吧，你不能做這種事情！」

我說：「沒有其他方式能夠讓這個白痴受到教訓。因為你所有的教授都來這裡監考過，而他們都害怕他的小刀，所以現在沒有人願意來這裡監考。他能做出什麼事呢？他頂多只能夠殺了你，這就是為什麼我帶了一把更大的刀子過來。」

但是這就是社會讓每個人遲早都會學到的一課：你必須變得更具有攻擊性，否則你會失敗。你必須爭戰出你自己的路，因為每個人都想要達成同樣的野心。

副校長對我說：「你可以休息了。你永遠都不需要再當監考員了。」

我說：「這真是太好了！這正是我想要的。因為這是完全沒有必要的，我一點也不想折磨騷擾任何人。生命已經很折磨人了，我為什麼還要在他們的生活裡多加上一些折磨和騷擾呢？不過，我也不會讓任何人騷擾我。所以，很好，我再也不用做這項工作了。」

這整個社會都是暴力的，如果你想要具有野心的話，你必須變得比它更暴力。我們需要的是那些沒有野心、沒有競爭心的人，我們需要的是那些對於權力沒有興趣的人，他們會成為叛逆者。每一個孩子都可以成為這樣一個叛逆者；只要人們不把孩子帶離他原有的天真。

你的感覺是對的，你的內在有一個叛逆者。每個人內在都有一個叛逆者，但是這個社會太過強而有力。它讓你變得膽小，它讓你變得狡猾。它不曾協助你成為真實的自己。它不想要任何人成為真實的自己，因為這麼一來，到處都會充滿了叛逆者。

但是記得，在你成為一個叛逆者之前，你需要擁有幾項條件。我不要那種老式的叛逆者。我對於叛逆者的概念是一種完全不同的、嶄新的概念，那是一種新的領悟。除非你擁有足夠的慈悲、足夠的愛——心的寧靜、深沉的內在靜心會為你帶來更多的光亮、更多的覺知——否則你就尚未擁有我所說的條件。只有在這種條件下，我才要你成為一個叛逆者。因為這麼一來，你不可能做錯任何事情。因為這麼一來，不論你做些什麼，那都會是對的。

出於愛，所有一切都會是對的。愛是能夠把所有一切蛻變成正確事物的魔術。我想要的是開悟的叛逆者。而這是可能的，因為開悟是可能的，叛逆也是可能的。我們唯一需要的是把這兩者結合在一起。叛逆與開悟，一個佛陀以及叛逆的列寧，那會是最美的現象。

有一個來自日本的朋友送給我一尊佛陀的雕像。那是很罕見的一個雕像，我從來沒有見過這樣的東西。這個雕像的其中一隻手上拿著一個小小的陶燈，裡面還有著火焰。你需要把油做為燃料倒入這個陶燈裡，然後那個火焰就會持續地燃燒。我的朋友說：「有一個條件——當我拿到這個雕像時，他們也向我提出同樣的要求——這個火焰必須燃燒二十四小時，毫不間斷。」而這個雕像的另外一隻手上則拿著一把劍。這種情況只有在日本才會出現，因為日本甚至讓劍道和射箭成為一種靜心的藝術。靜心成為其中的基礎。

在印度我們沒有辦法想像佛陀拿著劍。但是這座雕像很美，他臉上的其中半張臉非常的平靜——火焰的光亮照射在這半邊臉上，它是如此地平靜、祥和，絕對的平靜——而另外半邊臉則看起來像是劍一樣，它是如此的銳利，以致於那只能是一個偉大戰士的臉孔。創造出這個雕像的藝術家完成了一項傑出的作品。他在同一張臉上顯示出了一種偉大的綜合體——一把劍握在一隻平靜的手裡。

這就是我對於叛逆以及叛逆者的概念。叛逆應該是來自於你對於人類的愛，來自於對於未來的慈悲創造力；不是來自於你對於過去的憤怒。因為你不只是要摧毀舊有的事物，你的理想、你的終點是為了創造出新的事物。如果你不摧毀舊有的事物，新的事物無法出現，所以你進行摧毀。但是這其中沒有憤怒。它只是一個過程而已。就像是你拆除一個舊的房屋，其中沒有憤怒。你只是清理地面，然後在原地建立新的房屋。

你需要進行摧毀和創造這兩件事情。你帶著平靜、寧靜、光亮以及內在本性的品質，叛逆地反對所有的不公正，反對所有非人性化的事物。但是這是為了創造，為了實現一個真實人類社會的夢想，在這個真實的人類社會裡，每個人都能夠獲得自由、平等的機會以及非暴力式的教育。這個社會裡的教育它不只是提供資訊，它也提供蛻變的機會。它會讓你成為一個獨立的個體，讓你內在最美的部分得以綻放。

現在你和一群有著同樣夢想的人坐在這裡。但是這裡以外的世人也曾經有過這樣的夢想，當他們還是一個孩子時，那是同樣的一種品質，只是它受到了壓抑與壓制。這種壓制是能夠被去除的。

我的人需要成為一把燃燒的火焰，在世界各地移動著，並且和任何一個準備好接受的人分享他的火焰。然後你會很驚訝的發現，每個人都曾經夢想過一個美好的未來，每個人都曾經有過這樣的天真，也都曾經品嚐過一種平靜、美與愛的滋味。只是它們受到了醜陋社會的摧毀、扭曲、污染和毒化而已。

社會所具有的只是一種老式的力量。但是現在，那份力量和老舊已經被證明是它最大的弱點。你只要稍微輕推一下就夠了。它已經是一個僵死的社會了。它已經用自己的雙手挖好了墳墓，而它就站在墳墓旁邊。你只需要稍微輕推一下，然後你會發現，所有那些老舊、陳腐的東西已經躺在自己的墳墓裡了。

我們需要從頭開始。再一次的亞當和夏娃，再一次的伊甸園……再一次從新開始。

第 2 章

現在或永不

災難時期會讓你覺知到當下的現實。生命一直都是脆弱的；每個人都一直處在危險當中。只是平常你昏睡著，所以你看不到這一點。你不斷地作夢，想像著未來那些即將來臨的美好事情。但是當危險就在眼前時，你突然間開始意識到，或許未來不會出現，或許明天不會到來，這個當下可能是你唯一擁有的片刻。

所以，災難時期會顯露出許多事實，災難不會帶什麼新事物來到這個世界上；它純粹只是讓你覺知到這個世界的本來面貌。它喚醒你。如果你不了解這一點的話，你會發瘋；但是如果你了解的話，你可以因此而甦醒。

問題

當我想到人類需要進行的自我清理時，那似乎非常的複雜。我認為人類最難以放掉的就是他所謂的力量，不論那是這個世間的力量還是靈性上的力量。對我來說，這種人寧願看到他們的世界爆炸毀滅，也不願意放棄他們的力量。是這樣嗎？

確實是如此。人們是如此地無意識，以致於他們為了保有自己的力量、自己的名聲，他們可以做出任何事情，即使那意味著炸毀這整個世界。他們為了挽救自己的自我，他們願意承擔任何的風險。而這些人通常很自然地會來到擁有權力的位置上，因為只有他們才會不斷地追逐著力量。

沒有任何一個具有創造力或聰慧的人會追逐力量。沒有任何一個聰慧的人會對控制他人感興趣。因為他最有興趣的事情是知道自己。所以那些極度聰慧的人會朝著奧祕的方向前進，而那些最為平庸的人則是會追逐力量。這個力量可以是這個世間的力量，可以是政治上的力量；它可以是金錢的力量，它也可以是擁有支配上百萬人的靈性力量，但是其中最基本的驅力就是支配越來越多的人。

這股驅力之所以會出現是因為你還不了解你自己，而你不想承認你還不了解自己。你害怕意識到自己內在是多麼的無知。所以你透過沉溺於金錢、力量、名聲和榮耀等方式，來逃離這種黑暗。而一個內在黑暗的人可以做出各種破壞性的事情。

對這種人來說，創造是不可能的，因為創造來自於你的意識與覺知。光亮、愛以及創造力這些品質對於支配他人毫無興趣，因為那有什麼意思呢？他人就是他人；你既不想支配他人，你也不想為他人所支配。只要稍微具有一些覺知，你就能夠品嚐到存在所具有的自由。

但是人們是全然昏睡的。在他們的昏睡裡，他們製造了原子彈、核子武器，而不知道自己到底在做什麼。只有一件事情會讓他們不斷的前進，那就是獲得更多的力量。他們會摧毀任何阻擋他們的人。他們看不到這世界上的其他任何事情。他們是尚未進化成為人類的原始野蠻人。是的，他們可以摧毀全世界；他們也已經準備這樣做了。

而我非常驚訝的是在這個廣大的世界裡，沒有其他人加入我的行列。人們害怕那些具有權勢的人，人們害怕自己被毀滅。只有當人們知道自己是無法被毀滅時，他才可能變得無懼；對於這種人，你可以殺了他，但是你沒有辦法摧毀他的存在本性。但是，這種人已經慢慢地從這個地球上消失了。我們不曾滋養這種人的存在。我們殺了他們，然後再膜拜他們。

你需要了解一點，為什麼像是耶穌、蘇格拉底、曼舒爾（al-Hillaj Mansoor）、薩麥德（Sarmad）這些被人們所殺掉的人，他們都在死後獲得無比的敬重。當他們還在世的時候，他們受到每個人的譴責，不只是那些具有權勢的人，甚至連那些毫無權勢的人也譴責他們。那些毫無權勢的人譴責他們，只為了向當權者表示：「我和你是一起的。」而那些當權者之所以譴責這些人，那是因為他們帶來一種遠見——如果那份遠見成功了，那麼這個世界上將不再會有支配這回事，這個世界只會有著平等的人類，而每個人能夠按照自己的方式綻放著。

但是所有這些人都在死後受到膜拜。這種膜拜其實是來自於一種罪惡感。首先，人們殺掉了他們——殺掉這些人的是那些當權者。至於那些非當權人士、那些被支配者，他們則是支持這些當權者的行為，雖然他們不願意殺掉這些人，但是他們熱誠地支持那些當權者，因為他們想要讓其他人知道：「我們比你還更反對他，我們比你還更崇拜這些當權者。」

但是一旦這個人被殺掉、被送上十字架、被毒殺之後，他們又會開始感到罪惡……因為從一開始，他們就不是真的想要殺掉這個人。這個人根本不是什麼問題；他沒有影響到他們的既得利益。他們只是支持當權者而已，他們害怕如果自己不這麼做而保持沉默的話，別人會懷疑他其實是支持那個被殺掉的人。

當耶穌被送上十字架的時候，耶穌的一個門徒當時正在人群裡。由於他看起來跟別人都不一樣，他看起來像是來自不同的地方，他像是外來人，再加上沒有人認識他，所以人們一次又一次地問他：「你是誰？你認識這個被釘在十字架上的人嗎？」而他一直回答說：「不，我從來沒有聽說過這個人。我只是看到有這麼多的人走向這裡，所以我過來看看發生了什麼事，我才剛到這裡。」他甚至沒有辦法承認他是耶穌的跟隨者，因為他知道結果會是另外一副十字架。

所以最後，當那些人被送上十字架後，之前那些不是很情願的支持者開始覺得有罪惡感：「我們對這個天真無辜的人做了些什麼，他不曾傷害過任何人？而且不論他說了些什麼，他都是對的。」他們知道那些當權者確實剝削了每個人。

這是一個很奇怪的世界。你知道有些人現在是國王和皇后，但是如果你回溯他們的祖先，你會發現他們一開始時是強盜。不然他們是從哪裡取得現在的王國呢？他們有著凶狠強盜的血脈，那些強盜曾經殺過許多人，累積了許多的金錢和土地，然後宣稱自己是那些土地的主人，然後現在他們居然擁有著皇家血統。他們其實是罪犯世家的一部分——而且還不是普通的犯罪，是嚴重的罪刑！但是，他們現在擁有權勢、擁有金錢，所以很自然地，他們的血統也開始變得特別起來。

人們知道自己一直受到打壓，受到一種慢性的謀殺。他們辛勤的工作，卻一天都吃不上一頓飯。他們生產，但是他們所生產出來的東西都到了那些當權者的手裡。所以當他們支持這些當權者的時候，他們是不情願的。然後這份不情願，在那些人被毒殺、被送上十字架之後轉變成罪惡感；他們開始覺得自己共同參與了一項罪刑。他們雖然沒有直接做任何事情，但是他們以某種方式參與了；他們向當權者顯示了他們的支持。

為了消除這份罪惡感，他們開始膜拜。他們的膜拜純粹只是為了消除罪惡感、洗刷罪惡感。這就是為什麼基督教這種宗教會變得如此龐大……否則，耶穌沒有創造出如此龐大宗教的天分。他所在的時期，有其他上百個猶太教士比他更聰明、更富有學識；他只是一個沒有受過多少教育的年輕人。但是被釘在十字架上改變了這整個狀況。一旦他們把他送上十字架，他們就把他變成了一個神，他成為那些叫囂著把他送上十字架的民眾的神。他們開始覺得有罪惡感。

如果你深入的話，你會看到這一點。耶穌是被羅馬帝王還有猶太總督彼拉多下令殺掉的，而這個命令獲得猶太教高等教士的同意。二十世紀以來，羅馬一直是基督教的根據地，但是這個殺掉耶穌的命令最初是來自於羅馬。在那之後的某一天，整個羅馬文化變成了基督教文化。現在，教宗只擁有一塊很小的土地，八平方英哩的大小，但是它是一個獨立的國家。它已經逐漸萎縮了；但是它曾經擁有整個義大利。它比政府還擁有更高的權威。

在二十世紀之前，有不少人因為身為基督徒而被殺掉。耶穌是第一個被殺掉的人，然後其他的基督徒也被殺掉；有上百個人被送上十字架。這些十字架的死刑在人們內在創造出許多罪惡感，以致於一個龐大的宗教開始因此而出現。但是這樣一個宗教只是一種心理上的掩飾；它不可能是真正的宗教。它只是掩蓋了你的罪惡感。當一個宗教的信徒越是狂熱時……你可以從他狂熱的程度裡測知他隱藏了多少的罪惡感。

基於一個簡單的原因，基督教成為世界上最大的一個宗教：當時除了耶穌基督被送上十字架以外，還有許多其他基督徒也在毫無審判的狀況下被送上十字架。當時的大眾支持那些當權者，但是他們的內在深處感到受傷：「這種事情是絕對非人性的，這種事情不應該發生。」但是他們貧窮，他們沒有權勢；他們沒有辦法做任何事情，所以他們開始膜拜那些被殺掉的人。

一個真正的宗教永遠是靜心的。一個虛假的宗教永遠有著膜拜。膜拜是一種心理上的方式，用來洗刷你雙手的血跡。甚至連彼拉多……在他下達把耶穌送上十字架的命令後，他所做的第一件事情就是去洗手，因為他並不想殺掉那個無辜的年輕人。他曾經跟耶穌談過話，他曾經私底下傾聽過耶穌對門徒的談話，而他喜歡這個人身上所具有的品質：「他是無辜的。他或許說了一些瘋狂的話語，但是他說話的方式是那麼地美。他雖然沒有受過教育，但是他的話語非常地詩意。他了解的不多，但是對於他所了解的事，他呈現出無比的權威。而且他從來沒有做過傷害他人的事情，如果你不想聽他說話，就是不要聽他說話；如果你不想跟隨他，就是不要跟隨他。他並沒有教導人們任何危險的想法。」

彼拉多想要放掉他。他試著說服那些教士釋放他，因為他看起來是無辜的。但是那些猶太人不想放過他，他們因此而鑄成大錯。他們需要背負起創造出基督教的這項責任！在一個深遠的向度上，這些猶太人需要為基督教所造成的流血事件負起責任。另外，基督教也在進行著報復，他們折磨猶太人、殺戮猶太人，他們讓猶太人無家可歸。而且這種事情已經進行了好幾個世紀。

到底是哪些人變成了基督徒呢？有一些是猶太人，他們覺得耶穌是無辜的，但是他們畏懼當時教士所具有的宗教力量。另外，由於許多人是在羅馬被送上十字架，所以在那之後，許多羅馬人變成了基督徒。當時的羅馬人民——現在的義大利人——開始感到有罪惡感，有些人只因為跟耶穌還有他的教導有一些關連，結果他們就被送上了十字架。後來，羅馬帝國消失了，整個羅馬帝國的土地變成了基督教的土地。然後從那裡，基督教開始散布到全世界。

人們成為基督徒；成為一個虛假的宗教人士的根本原因在於罪惡感。一個真正的宗教不會源自於罪惡感，一個真正的宗教是源自於寧靜、愛以及靜心。

沒錯，那些具有權勢的人幾乎就踩在摧毀這個世界的門檻上了，他們怎麼樣也不願意失去他們的力量。他們自己可能沒有覺知到這一點，但是我可以了解他們的邏輯。他們的邏輯是：不論如何我們遲早都會死，所以就算全世界都死了，那又怎麼樣呢？我們是一定會死亡的，所以我們為什麼要在意這個世界在我們之後的死活呢？只要我們還在這裡，我們就應該掌有權勢，我們根本不需要在意第三次世界大戰對這個世界會有什麼影響。

他們內在的邏輯是：他死了，這個世界對他來說也死了。在他死後；這個世界是否存在對他沒有任何差別。在他死後；這個世界是否存在，還是已經被核子武器炸翻了，對他也不會有任何影響。對他來說，唯一有差別的是他是否擁有權勢，他是否能夠向全世界的人證明：他是最具有力量的人。

問題

雖然聽起來可能很荒謬，在這一片對於世界未來的擔憂裡，老實說，我真的不在意這個世界是否明天就會結束。所以談論這些事情，除了給那些火勢驚人的末日更多的燃料以外，還有什麼意義呢？這個議題看起來已經在人類憂鬱的頭腦裡無止盡地燃燒了。夠了就是夠了。我所了解的是：「現在或永不」，讓我們現在就做，讓我們跳舞吧！

你可以很輕易地說出「老實說，我真的不在意這個世界」的這種話語，但是讓你的心去感受它。這個世界不是某個只存在於你外在的事物；這個世界也存在於你的內在。你就是這個世界。

人們曾經把「黑暗越來越靠近」的這個問題看得非常重要，以致於你現在開始選擇「現在」，而不再延宕。現在或永不，這確實是事實，但是這個世界上很少有人能夠生活在當下。他們往往生活在昨日或是明日。

我為什麼會堅持呢？因為這是有史以來第一次，人類可能再也沒有任何明天了。有一句古老的諺語說：「明天永遠不會來。」但是這個古老的諺語只是一個諺語，雖然有這樣一個諺語存在，明天還是不斷地出現。只是這個明天不是透過「明天」的形式出現，而是以「今天」的形式出現。所以某種程度來說，這個諺語是對的。但是，現在情況完全不一樣了。明天很有可能真的不會來臨。

我想讓這一點深深進入你的存在本性裡，我們已經非常接近路的尾端了。而除了舞蹈和歡欣以外，我們沒有其他事情可做了。為了讓你能夠現在就舞蹈，我在全然地摧毀你的明天。我把它從你的頭腦——頭腦和明天有著緊密的關連——裡拿走。因為，即使你說你知道或許明天世界就會毀滅，但是你的頭腦深處仍然不停地說：「這個世界上曾經有過上千場戰爭，但是世界還是存活下來了。再多一場戰爭也不會帶來什麼樣的差別。」

頭腦能夠聰明地找到任何藉口：反正總會有某些事或某些人來阻止這場破壞。我的意思並不是要你不要去避免這場毀滅。我的意思是：你的頭腦裡不應該有任何延宕的藉口，你需要讓你所有的能量來到這個當下；而不是分散到未來。如果你所有的能量都匯聚在這一點，那麼這個片刻可以就是你開悟的片刻。

開悟就只是你的意識凝聚在一個點上，此時此地。

你說：「夠了就是夠了。」不！看看人類的頭腦，沒有什麼是夠了的。人們不斷地用老舊無意識的方式生活著，他們懷抱著一個又一個的希望：雖然這個世界上一直有著像耶穌和佛陀一樣的人，預言著世界末日的出現，但是這個世界仍然還在。

但是這一次，情況完全不一樣。我不是預測世界末日的出現；而是它已經變得如此地明確，如此地合乎邏輯，看起來沒有什麼方式能夠避免它了。不過，我的興趣也不在於避免它，如果它是可以避免的，它會受到阻止的。我的興趣在於讓它變得更為清晰，以致於你把自己的能量帶回這個當下。然後在這個片刻裡，你所有的能量會變成一個池塘，就在這裡，就是現在，然後一個光亮的爆發會發生，然後你會第一次完全就是你自己——一個永恆的存在，一個不朽的存在，沒有死亡，也不會有任何的黑暗。

你說：「所以，讓我們現在就做。讓我們舞蹈吧！」但是，你的舞蹈需要是全然的，不然你還可以一邊舞蹈，一邊想著未來；你可以一邊舞蹈，一邊想著明天我們還會再一次起舞。

舞蹈，就好像它是最後一次的舞蹈。拋下一切地舞蹈，毫無保留。然後這會蛻變你的存在，或許它也會蛻變他人。

有一個政客在演講的時候說：「各位，我們一定恢復原來的樣子（status quo）。」聽眾裡有一個人大聲問說：「這個字是什麼意思？」

這個政客以一種極為罕見的誠實回答：「事實上，在拉丁文裡，它的意思是指『我們所在的這場混亂裡』。」

從表面上看起來，每件事情都進行的很好，但是人類無意識的內在深處有著一個巨大的混亂在那裡。你不曾覺察到自己無意識的夢魘。然而人類所經歷的痛苦是前所未有的。人類的不安也是前所未有的。人類已經遺忘了「放鬆」這種語言，人類已經遺忘了關於「全然」這種語言，人類已經遺忘了「強烈」這種語言。而你需要所有這些品質，你的靜心才能夠成為你存在裡的一場革命。

這些品質與道德無關，與品格無關，與美德也無關，宗教上千年來一直強調著道德、品格和美德，但是它們從來不曾成功地改變人類。我現在所說的是一種全然不同的取向，一種不同的向度，我所指的是一種能量的向度以及能量的聚集。

就像原子能量是一個小小的原子在電子、質子和中子的組織中爆發一樣——那不是肉眼可見的現象，但是它的爆炸是如此地巨大，以致於它可以摧毀一個像是廣島或長崎的城市——和原子爆發類似的是生命細胞的內在爆發。原子能量是一種外在與破壞性的能量，一種物質與破壞性的能量。

但是你內在的能量，你身體存在的細胞裡，也有著同樣的品質，當它一旦爆發時，它也有著同樣的無比力量，而它是創造性的。它是一種連鎖反應，你內在的某個細胞爆發了，然後你內在的其他細胞會開始連鎖性的爆發。你的整個生命會變成是一場煙火般的慶典。你的每一個姿勢都會變成是一場舞蹈；你的每一個移動都會變成是一種純粹的喜悅。

我要強調的重點是：「沒有未來」這件事情跟擔憂無關；而是與你有關。如果你可以完全放掉關於未來的概念，開悟是可能即刻發生的。而且現在是一個放掉未來概念的大好機會，因為未來也正在消失當中。所以不要在頭腦的任何角落裡持續保留這種想法：「或許這只是某種手段……」。因為這些想法都是頭腦的策略，它讓你保持現狀而成為一個老僵屍。

頭腦非常的聰明和狡猾。當你想要早點起床時，你會設下鬧鐘，然後當你聽到鬧鐘響起的時候……頭腦非常的聰明狡猾，它會開始夢見你正在教會裡，而教會的鐘聲正好響起。然後那個可憐的鬧鐘是無能為力的；頭腦創造了一個夢，讓你可以持續地睡下去。

基本上，舊的宗教堅持一件事情，那就是未來。你要注意到這一點，宗教所強調的不只是這一世的未來，還有死後的未來；他們的整個程式就在於把你的能量投射出去，以便確保你未來的生命，在死亡之後，在天堂裡，在遙遠的它方。這種策略很管用；它榨乾了人類生命裡的所有汁液。人們就只是等著未來生活在天堂裡；至於現在這個地方、這個地球變成一個像是候車室的地方，每個人都在這裡等著火車。即使火車永遠不曾到來，但是人們還是持續討論著火車時刻表。

而且人們也不會改善這個候車室，因為它就只是一個候車室而已。我曾經在印度旅行過很多地方，我去過上百個候車室，根據我的觀察，人們在候車室裡的行為完全不同於在他們的家裡。在候車室裡，人們會吃香蕉，然後把香蕉皮扔在地上，畢竟那只是一間候車室；他們不會住在那裡。一旦火車來了，他們就走了。所以那些候車室永遠都是極度的骯髒，廁所更是不可思議的骯髒，沒有人照顧那些候車室，保持它的整潔，因為每個人的眼睛都只看著未來。他們會詢問火車時間，確認火車何時會到達，然後他們就可以離開了。

所有的宗教經典都說這個世界只是一個候車室；你真正的家在遙遠的雲端之上。那裡才是真實的生命；這裡你只是在等待。

我試著改變這整個宗教思考的模式。我試著對你說：這就是你的家；這個當下片刻就是你的天堂。所有一切都完全取決於你。你不需要擁有崇高的品德才能夠全然的舞蹈；你不需要學習何謂全然的舞蹈；你不需要虔誠才能夠全然的舞蹈。想要全然的舞蹈，你唯一需要的，就只是接受這個當下是唯一真實的存在。當下一個片刻來臨時，我們會接受它的真實存在，但是我們不會等待它。

所有的宗教都教導你等待。但是我教導你現在就生活、現在就愛、現在就舞蹈、現在就歌唱，不要等待。

問題　你曾經說過本能（instinct）、聰慧（intelligence）和直覺（intuition）代表了意識上的三個向度。請您把光亮照耀在政治這個主題上，並且談一談它和這三種不同的向度有什麼關係？

基本上，政治的世界是一種本能的向度。它屬於法律的叢林：權力就是對的。那些會對政治有興趣的人是最平庸的一群人。政客不需要任何的資格，他們只需要一件事情，那就是一種深沉的自卑感。

你幾乎可以把政客簡化成一個數學公式：政治意味的是支配他人的欲望。尼采甚至曾經寫過一本書《權力意志》（*Will to Power*）。這一點非常的重要，因為權力意志可以有許多表達的方式。所以你要了解，當你提到政治時，不要從它字面上的意思來看待它。每當有人嘗試權力遊戲時，那就是政治。不論那個權力遊戲是否和政府、國家這類事情有關。

對我來說，政治這個字要比一般人所知道的還更為複雜。有史以來，男人對於女人一直採取著一種政治策略，那就是女人是比較低等的，而且他還說服了女人。所以女人會感到無助，女人會接受這種荒謬的概念是有原因的。事實上，女人既不比男人低下，也不比男人優越。男人女人就只是兩種不同類別的人，他們是無法比較的。這種比較根本就是愚蠢的，一旦你開始比較，你就會陷入困境。

為什麼全世界都宣稱女人比男人低下呢？因為這是唯一一種束縛女人、奴役女人的方式。那會讓事情簡單許多。如果女人和男人一樣平等，那麼麻煩就出現了；所以她被灌輸的概念是：她是低下的。而人們給她的理由是，女人在體力上不如男人；女人在身高上不如男人；女人不曾創造出任何哲學、神學；女人不曾建立任何宗教；這個世界上也沒有什麼重要的女性藝術家、音樂家和畫家。這些都顯示了女人不夠聰明，女人不夠智性，她對於生命高層問題不感興趣，她所關心的事情是非常有限的，她只是一個家庭主婦。

現在，如果你選擇用這種方法來比較的話，你可以輕易說服女人她是低下的。但是這是一種非常狡猾的方式。因為還有其他比較的方式，像是女人可以生育孩子，男人沒有辦法。這一點男人是絕對比不過女人的，他沒有辦法成為一個母親。大自然沒有賦予男人多少責任，因為大自然知道男人比較差勁一些。而責任總是落在比較優秀的那一方。大自然不曾賦予男人子宮。

事實上，男人在生產後代上的功能跟一個注射器差不多，他只有非常短暫的功能。母親需要孕育胎兒九個月，她要承擔所有懷孕的麻煩。那不是什麼輕鬆的工作。然後她還要把孩子生下來……那幾乎就像是經歷死亡一樣。之後她還要花許多年的時間來撫養孩子，而且在過去，女人一直不停地生育孩子，你有留給她任何時間讓她成為一個偉大的音樂家、詩人和畫家嗎？你有留給她任何時間嗎？女人一直不斷地忙碌著，她不是忙著懷孕，就是照顧她的孩子。除此之外，她還要照料家事，好讓你能夠沉思那些高等事物。

你只要花上一天的時間，花上二十四小時的時間，和女人交換一下工作，讓女人去沉思、創作音樂或是寫詩；然後你照顧孩子、廚房和家事二十四小時。你就會知道誰比較優秀了。只要二十四小時就足以向你證明，照顧這麼多的孩子就像是在瘋人院一樣。

孩子並不像他們看起來那麼地天真。他們的頑皮和淘氣超乎你的想像，而且他們會做出各種惡作劇和損害。他們不會有任何一刻的空閒；他們需要持續不斷的注意力，或許那是一種自然的需要。注意力是一種食物。

只要花一天的時間為家人和客人烹煮食物，只要二十四小時你就會知道什麼是地獄。然後你會忘掉你比較優秀的這種想法，因為在那二十四小時裡，你甚至不會有一秒鐘的時間能夠思考任何關於神學、哲學或是宗教的事情。

從另外一個方向來思考，女人的體力較差，但是那是因為上百萬年來，她從來沒有做過任何需要用到肌肉的工作。我曾經去過印度的原住民區，那裡的女人有著結實的肌肉，那裡的男人反而沒有那麼結實。所以這跟大自然無關，而是跟歷史有關。長久以來，女人從來不需要用身體去進行體力上的工作，慢慢地，她很自然地失去了發展肌肉的能力。

但是在那個原始部落裡，男人幾乎就是家庭主婦，而他的妻子則是家裡的先生，因為她外出工作。她砍柴，她獵取食物，而男人就是閒坐著，喝酒、四處晃蕩、照顧孩子和家裡。因為好幾世紀以來，男人一直做著這種事情；所以很自然的，他萎縮了，他的肌肉消失了。而且奇怪的是，當這些肌肉力量消失時，他的身高也跟著往下掉；那裡的女人比男人高。

當我第一次進入這種原始部落時，我沒有辦法相信我的眼睛。我從來沒有想過這種事情跟歷史有關，而跟自然無關。為什麼那些原始部落的男人選擇這種生活的方式呢？那其實也非常的狡猾，因為在那些部落裡，不論你想要幾個妻子，你都可以擁有。這實在是棒極了！一個男人可以有五個或六個妻子，所以他可以放鬆地喝酒。在那裡，需要工作的是女人。

那裡的女人需要做各種原本男人需要做的工作。所以很自然地，她們開始變得強壯。而你會很驚訝地發現，那裡演奏樂器、舞蹈、試著創造出美麗工藝品和雕像的都是女人。所有美好的事物都是由女人所完成的。她編織並且設計美麗的衣物。

那裡的男人則是什麼都不做；在那些部落裡，一代又一代，男人一直都是毫無創造性的。他就是過著一種醉鬼的生活，也因為他喝酒喝得過多，他甚至沒有辦法照顧孩子或是準備食物。所以那裡的妻子回到家裡時，她們還需要準備食物，照顧孩子，把孩子從各個地方找回來，因為先生早已經醉倒攤平在地上了。而他可以這樣攤平在地上，那是因為他唯一做過的好事就是他娶了六個或七個妻子。現在你還能期待他做些什麼呢？他已經完成了他的工作。

這種原始部落社會是母系的社會，當地社會的首領是女人。她們有一個委員會來決定生活裡的問題。在那裡擁有決定權的人不是男人。

你還要從其他角度來思考男女這件事情。女人擁有比男人更多的耐力。這是有醫學根據的事實。女人比男人更不容易生病；女人的壽命比男人長五年。現在這個社會是一個非常愚蠢的社會，它認為先生必須比妻子大四到五歲，就只是為了讓先生比妻子更有經驗、更為年長，以確保他的優越感。但是如果你從醫學的角度來思考，先生應該要比妻子小五歲才對，因為這麼一來，他們能夠同時過世，他們能夠在幾乎同樣的時間裡過世。

就某一方面來說，先生必須比妻子大上四到五歲，但是從另一方面來說，大多數的文化和社會都不允許女人再嫁。現代社會允許女人再嫁，但是那也只有少數先進的國家才是如此。如果你不允許女人再嫁的話，那麼她至少有十年的時間會是寡婦。這在醫學上是不健康的，就算數上來說也不對。你為什麼要強迫一個可憐的女人當十年的寡婦呢？所以最好的方式是妻子比先生大五歲，而先生比妻子小五歲。這會讓情況整個穩定下來，他們會幾乎在同一個時期、同樣的時間裡過世。這麼一來，社會上不會有什麼寡婦或鰥夫，更不用說其他因此而衍生的問題了。

現在，如果你從女人比男人長壽五年的這件事情來思考，那麼誰比較優秀呢？如果女人有較多的耐力，更不容易生病，那麼誰比較優秀呢？而且女人自殺的比例是男人的一半。另外，女人發瘋的比例也是男人的一半。但是人們從來不曾考慮過這些事實，為什麼呢？

為什麼男人自殺的比例是女人的雙倍呢？看起來，男人對於生命似乎沒有什麼耐心。男人缺乏耐心、太過迫切與急切，當事情沒有按照他的方式進行時，他就想著要結束自己。男人容易受挫，這顯示了他的弱點：他沒有面對生命難題的勇氣。自殺是一種懦弱的行為，它是逃離問題，而不是解決問題。

女人擁有的問題比男人多，她除了自己的問題，她還有她的男人替她製造出來的問題，所以女人有著雙倍的問題，但是她仍然設法勇敢。結果，你還不斷地說女人是弱者。

為什麼男人發瘋的比例是女人的雙倍呢？這顯示了男人的心智不是用什麼堅固的材料所構成的，所以他任何時候都可能會完蛋。

但是，為什麼人們一直堅持女人是弱者呢？因為這是一種政治遊戲，這是一種權力遊戲。

如果你沒有辦法成為一個國家的總統……這點很難，因為競爭太多了。你沒有辦法成為一個彌賽亞，因為那也很難；當你想著成為一個彌賽亞的時候，你的頭腦也馬上會想到自己被送上十字架。前幾天，我看到一個基督教代表團的廣告，他們正在招募人員，那幅廣告上有著耶穌掛在十字架上的圖片；廣告上寫著：「你需要膽量才能成為一個教士。」很棒的一個廣告！但是，這也意味著除了耶穌以外……那所有其他的教士是什麼呢？他們其實不是真正的教士。這個廣告已經充分證明了這一點。所以，只有一個教士曾經真正的存在過。

所有那些教宗、紅衣主教和教士是什麼呢？他們不是教士……因為當耶穌宣導他的概念時，十字架是他所得到的回應。而當那些教宗到世界各地去的時候，各國的元首、總理、國王和皇后卻用紅色的地毯、溫暖熱烈的歡迎大會來迎接他們。這實在很奇怪！面對這些教宗和主教，你不應該舉止不當的，是的，這是一種不適當的舉止，因為你的方式說明了：他不是一個教士。你沒有把他送上十字架！那是唯一能夠證明他是一個真正基督徒的方式。盡你所能地把那些教士送上十字架。這不是我的主意，這是他們自己的主意。他們在廣告上寫著：「你需要膽量。」然後還附上一幅耶穌在十字架上的圖片。

要成為一個政客實在是太容易了。你不需要考慮任何跟政府、國家相關的事宜。任何權力遊戲都可以讓你成為一個政客。先生試著比妻子更優越，這是政治。妻子試著比先生更優越……因為太太沒有辦法接受這種想法。即使她經歷了上百萬年的制約，她總是能夠找到某些方式來進行破壞。

這就是為什麼妻子總是會不斷地嘮叨、發脾氣，她們可以為任何一件小事而哭鬧，為任何一件事情而吵鬧起來，一些你沒有辦法想像的事情都可以引起她們的爭吵。為什麼會有這種情況？這是她用女性方式來破壞你的一種政治策略：「你認為你比我優秀？你可以繼續這麼認為，而我會讓你知道誰才是比較優秀的人。」然後，每一個先生事實上都知道誰比較優秀；即使他仍然努力試著讓自己比較優秀。至少在外面，他必須挺起胸膛，整理好自己的形象，微笑以對，就好像每件事情都很好一樣。

在一個小學校裡，老師問學生說：「你可以告訴我有什麼東西當它進門的時候像獅子，而當它出門的時候像綿羊？」

一個小孩舉手了。老師說：「嗯，你的答案是什麼？」

他說：「我爸爸。」

孩子是非常具有觀察力的。他們一直觀察著發生的事情。爸爸在一天結束回家的時候，他看起來幾乎就像是一頭獅子，但是當他回到家裡，然後等到他再次外出時，他就像是一頭綿羊。每個先生都害怕他的妻子，沒有其他類型的先生了。但是為什麼呢？為什麼會有這種醜陋的情況呢？那是因為有一種男性的政治和一種女性的政治，而兩者都試圖站在對方的頭頂上。

在所有其他領域裡，也有著同樣的狀況，比如說在大學裡。老師想要成為助理教授，助理教授想要成為教授，教授想要成為系主任，系主任想要成為副校長，這種權力鬥爭一直存在著。人們以為至少在教育的領域裡不會有這種政治鬥爭。但是事實上，沒有人對教育感興趣，每個人感興趣的都是權力。

在宗教領域裡也有同樣的情況：主教想要成為紅衣主教，紅衣主教想要成為教宗。每個人都在一個階梯上，試著往上爬，其他人則扯著別人的後腿，試著把他拉下來，而那個爬在上面的人則試著把下方的人往下踢，以免他爬到和他同樣的高度。這同樣的事情發生在階梯上的每一個階層裡；有些人扯著其他人的後腿；其他人則拳打腳踢試著把別人盡可能踢下去。如果你像一個觀察者看著這整個階梯，你會發現它是一個競技場。這種事情到處發生著，每一個地方都是如此。

所以，對我來說，政治指的是一種證明自己更為優秀的努力。但是為什麼呢？那是因為內在深處，你覺得自卑而已。而一個只生活在本能向度上的人是注定會覺得自卑的，他是自卑的。那不是一種自卑情結，而是一種事實，那是真的，他是差勁的。以一種本能的方式來生活意味著你生活在生命的最底層。

如果你了解人們這種嘗試變得優越的掙扎和戰爭，而你放棄這場戰爭，你就只是說：「我是我自己，我既不優越，也不低下……」如果你就是站在一旁，看著這整齣戲，你會來到了第二個向度上的世界，也就是這個聰慧和智性的世界。

這裡的問題在於你了解到：每個人都陷在這個陳腐的處境裡。然後你只要多一點的耐心來觀察這整個處境：「到底發生了什麼事？就算我到達階梯的最高之處，那又有什麼意義呢？只是高高地掛在空中，看起來像個傻子一樣。沒有任何地方可去。」

當然，你不能往下走，因為人們會嘲笑你：「你要去哪裡？怎麼了？你被打敗了嗎？」你不能往下走，你不能去其他任何地方，因為再也沒有更高的階梯了，所以你只能高掛在天上，假裝你已經達成了，你已經找到生命的目標了。但是你知道自己其實沒有找到任何事情！你知道自己只是一個傻子，自己浪費了整個人生。結果現在沒有辦法往上；也不能往下，因為人們只會嘲笑你。

所以，任何一個成為總統或總理的人，他唯一的祈禱就是他能夠死在任上。因為你沒有辦法往下走，這是一種侮辱、羞辱。而往上，那已經沒有地方可以往上了。你卡住了；只有死亡能夠把你從這種兩難之中釋放出來。

馬德拉省的一位省長跟我非常的友好。我當時很年輕，但是他很喜歡我，也喜歡跟我一起討論事情。我跟他說過許多次：「你應該跟那些了解政治的人進行討論，我不了解政治。」

他說：「這就是為什麼我會跟你討論，因為我沒有辦法跟其他任何人說這些事情。我只能跟你說這些事情，因為你不會告訴任何人，事實上，你甚至搞不清楚其中有什麼問題。但是光是跟你討論，我就有一種釋放感。」

我說：「好，如果你覺得釋放的話，那我可以聽你說話。」在我們的談話中，有一個根本的問題總是會一次又一次的出現：「我唯一希望的事情就是死在省長的任上。我不想退休後才過世。」

我問他說：「但是在任上死亡有什麼特別吸引人的嗎？你可以放鬆，你可以退休，你已經夠老了。」

他說：「永遠不要建議我退休，因為如果我沒有權力的話，那會是一種羞辱。從你失去權力的那個片刻起，每個人都會遺忘你。我想帶著省長的榮耀死去；我想帶著來自於軍方、政府、警界，還有所有那些專屬於省長的榮耀而死去。」

他是馬德拉省的第一個省長，而他一直撐到最後。他死的時候仍然是當地的省長，而他非常的高興。

就在他過世前一天，我去看他，我問他：「你感覺如何？」

他說：「我覺得很好，因為看起來時間到了，而我仍然還在任上。」

那似乎是令人悲傷的一件事。這個人終其一生為成為省長而一直掙扎著。他原本只是一個學校的老師。要從一個高中老師一路超越那些政客，那需要一段漫長的路途，而且那些政客還是一群不得了的人，他們非常狡猾、機靈，他們用盡各種方式來阻止他。但是他非常堅決，最後他設法辦到了。

但是，為了這樣一場盛大的慶祝，這場擁有二十四把槍的閱兵儀隊還有全省七天的假日，他浪費了他的一生。那一省在那七天裡所有的旗幟都為他降半旗。但是這有什麼意義呢？這個人死了！不論你是把他扔到垃圾堆還是為他舉行所有這些儀式，那都沒有差別。他的生命和死亡都只是為了這些軍隊的榮耀。

如果你仔細觀察的話，你會非常驚訝；人類的頭腦裡必然有著某些令人瘋狂的東西，不斷地驅策著他持續往上爬。

我很明確的知道，第一個登上埃佛勒斯峰的人，不是現在全世界所知道的那一個人。幾乎沒有人知道誰才是真正第一個攀登上去的人，因為他只是一個僕人。他的名字叫做闐信（Tensing）；他是尼泊爾人，也是一個窮人。他是第一個上去的人……因為那是一個極度不安全的地方，這些年來有上百個人曾經死在攀登的途中。當然那個規畫行程並且投資金錢的人，不會因為埃佛勒斯峰是最高峰，就自己冒險第一個登上峰頂。

因為那峰頂只有一個人能夠站在上面，而且就算如此，那個人也沒有辦法持續站太久，因為風非常強烈，高度又非常的驚人。但是那個可憐的僕人是第一個上去的人，他上去觀察那裡是否是安全的，在他檢查回來之後。這個偉大的探險家，這「第一個」登上埃佛勒斯峰頂峰的人——埃德蒙・希勒瑞——上去了，他站在那裡擺好姿勢進行拍照。然後他把英國、印度和尼泊爾的國旗都插在上面，因為這三個國家都參與這次登山。所以他留了三面國旗在那裡，但是他自己在那裡停留的時間不到十分鐘；因為停留太久是很危險的一件事。

但是歷史上幾乎不曾提到那真正第一個登上頂峰的可憐人。當然，希勒瑞給了他足夠的錢讓他閉嘴。他開辦了一個組織，讓他成為那個組織的負責人，訓練人們攀登高山，教導登山的藝術。但是這種事情是隱藏不住的，因為不是只有闐信在那個登山隊伍裡，那裡還有其他至少五十個僕人，他們攜帶各種裝備、帳棚、食物和衣物。他們知道誰是第一個登頂的人。他們也都受到賄賂，但是當五十個人看到同一件事情時，你很難阻止它的散布。

我曾經見過那個登山隊伍裡的其中一個人，他說：「這是真的，不過我們都是窮人，我們只是僕人。」他說：「那就像是兩軍交戰時，士兵會彼此殺戮，然後有一方會戰勝，有一方會戰敗，但是勝利者的名字永遠都是那個沒有上戰場的指揮官，他留在士兵遙遠的後方，保持足夠的距離，確保情況危急時，他能夠第一個脫離危險。但是當勝利來臨時，他會獲得獎章還有所有的一切。可是這個世界本來就是如此。」他說：「我們是窮人，我們沒有什麼可以抱怨的，他給了我們足夠的金錢。」

人們持續不斷地嘗試各種可能的方式，讓自己變得更高、更特殊、更優越，這全部都是政治。對我來說，只有平庸之士才會對這些事情感興趣。那些聰慧的人有其他更重要的事情可做。聰慧之士不會耗費自己的時間，和那些三流人物、醜陋的政客、骯髒的政客有所爭戰。只有三流的人才會成為總統、首相。一個聰慧的人不會因為一片沙漠而分神，而且這片沙漠還無法帶領他到達任何地方，其中連個綠洲都沒有。

所以在本能的向度上，政客純粹是「權力就是對的」，那是一種叢林法則。就像是希特勒、史達林、墨索里尼、拿破崙、亞歷山大和帖木兒，這些人比較像是野狼，而不那麼像是人類。

如果我們希望這個世界上擁有真正的人類，那麼我們需要刪除這些人的名字。我們需要忘記這些人曾經存在過；他們只是一場夢魘。但是很奇怪的是，歷史上充滿了這種人。

我大學的時候，歷史課我只去上了一天。當我填寫我上課單子的時候，那個負責人問我：「你想要上哪些課？你可以選擇四門課。」

我說：「我會填寫完這張單子，我會簽名，也會繳費，但是我想要先經驗一下那些教授的教學風格，因為對我來說，一個老師要比他所教的內容還來得重要。更何況我也需要熟悉一下這些人教導的科目。」

他說：「過去從來沒有這樣的例子。你要做的第一件事情就是填寫完這張單子，只有這樣，你才能夠入學。」

我說：「你需要允許一些例外；否則我會去找經營這所學校的委員會，試圖說服他們。我怎麼能夠在我不知道的情況下選擇學科呢？我想要的不多，我只想要在可供選擇的學科裡，這裡試聽一點那裡試聽一點而已。我只需要兩星期的時間，我會在這個學校裡的各個課堂上試聽，我會經驗一下那些學科、那些學生還有那些老師，然後我會回來填完這張單子。」

他說：「好吧，但是請保密。不要跟任何人說任何事情，我認為你可能會說服委員會，但是這麼一來，其他學生也會開始有這種想法。」

我說：「這是很明顯的一件事，就算人們到市場上去買任何陶鍋，他也會多去幾家店，敲一敲鍋子，感覺一下的。」在印度，一個漂亮的陶鍋非常便宜，但是即使如此，你還是會檢查一下它是否有漏洞。如果它有漏洞的話，當你敲的時候，它會發出某種特定的聲音；如果它有任何裂縫的話，那又會是不同的聲音。

如果那個陶鍋是完好的，它會發出一種音樂般的聲音。「即使是兩魯比的陶鍋，人們都還要逛遍整個市場，而我現在要決定的是我接下來四年的人生！你卻要我一無所知的狀況下，填完這張單子？」

那個負責人說：「好吧，我會把這張單子保留在我的檔案夾裡。你有兩個星期的時間，但是不要製造任何麻煩，因為如果有人發現這張單子沒有填完的話，我會有麻煩的。」

我說：「不用擔心。」

我第一個去的班級就是歷史課，因為那是我進入那棟建築物裡所看到的第一間教室。所以我說：「好，這很好；就從歷史開始吧！」當時上課的老師正在做一般性的介紹，而他唯一所談論的就是那些白痴，什麼納迪爾沙、帖木兒、成吉思汗、巴布爾、胡馬庸、奧朗則布等等，他們全都是印度的侵略者。

我問他：「你是在教書，還是你想要提醒我們：我們生來就是奴隸？你是在教導歷史，還是你想要提醒我們：我們已經被奴役上千年，而我們還會繼續被奴役下去？因為很明顯的是，連那些小小的軍隊、未開化的野蠻人都可以征服這麼大的一個國家。」

我對他說：「如果你有任何一絲的尊嚴感，那就停下所有這些胡說八道。你難道找不到任何能夠讓人覺得有尊嚴，讓人覺得印度不是只有白痴和傻瓜的歷史嗎？你難道找不到某些歷史能夠讓人覺得自己仍然傳承到某些美好與輝煌，讓人覺得未來仍然是有希望的嗎？」

他說：「你來這裡是要改變整個歷史課的教學方向嗎？」

我說：「沒錯，因為只有如此我才能在這裡學習。我只是來看一下這是否值得我花費我的時間。所有那些惡夢……我跟納迪爾沙有什麼關係？我為什麼需要知道這個人的事情呢？歷史上有一些更為美好的事情，你難道不能談一談佛陀、菩提達摩、龍樹菩薩、商羯羅、帕斯瓦訥特（Parshwanath）、馬哈維亞、世親菩薩（Vasubandhu）嗎？你難道不能談一談這些人嗎？」

他說：「我的老天！我從來沒有聽說過這些名字！世親菩薩？我是一個歷史博士，但是世親菩薩是誰？我從來沒有聽過這個名字。」

我說：「那你下來坐著，我來教你一些關於世親菩薩的事情。如果這不是你唯一不知道的名字。我還可以告訴你其他幾個你不認識的名字。你知道法稱菩薩（Dharmakirti）嗎？你知道月稱菩薩（Chandrakirti）嗎？」

他說：「不，這些是你發明出來的名字嗎？」

我說：「這些名字不是我發明的名字，這些都是真實存在過的人。但是你的講義裡沒有這些人，只因為他們從來不曾殺過任何人、侵略過任何國家、建立起任何軍隊。他們從來沒有屠殺過人們、掠奪過人們、強暴過女人，他們也從來沒有活活地燒死人們。」

什麼是歷史？難道就只是剪下古時候報紙上的消息嗎？如果你協助人們，沒有任何報紙會刊載你的消息；但是如果你殺人的話，所有的報紙都會充滿了這項消息。你的歷史除了這些曾經危害過人們，曾經在人類意識上留下傷害的人以外，到底還有些什麼呢？這就是你所說的歷史嗎？

我說：「如果這就是歷史，那麼這不是我想上的課，因為我有一種不同向度的歷史。你所教導的其實是政治歷史。你應該改一下你的學科名稱。這不是歷史，這是政治歷史。而我跟你所說的是關於人類聰慧的歷史，還有最終的人類開悟史。」

他非常的震驚。他對全班的學生說：「現在，我沒有辦法說任何事情。首先，我需要去找一下校長，跟他討論這個男孩的事情。」

我說：「你不需要去找校長，我已經見過他了；他知道我在做什麼。我不會再來了，所以你不需要擔憂；你可以繼續教導關於這些白痴的事情。你的頭腦裡只有這些垃圾。你從來不曾提過那些智慧綻放的人，這實在是很奇怪的一件事。」

對我來說，要找到關於開悟者的事蹟是非常困難的事情。我曾經去過許多圖書館，試著多尋找一些這些人的事蹟，這些人是真正的創造者；他們奠定了基礎。但是我們只知道一種世界，而在那個世界裡，權力就是對的（might is right）。

不，在這第二向度上，事實就是力量（right is might）。對於聰慧的人來說，他們的信仰是：找到什麼是對的？什麼是事實？

在這個向度上，人們根本不需要用劍或是炸彈來殘殺彼此，因為權勢並不能證明事情就是對的。你認為阿里拳王和佛陀拳擊的話……當然，阿里會是第一回合的贏家；然後不會有第二回合了。一拳就夠了；然後可憐的佛陀會攤平在地上！而且看到這種情況，他還會自己計數：一、二、三、四、五、六、七、八、九、十。他不會等到裁判來計數。他不會自己從地板上起來；他會平躺在地板上數到十，然後他會說：「結束了，你贏了。」

但是權勢不表示你就是對的。在動物和本能的世界裡，這點完全沒問題。但是聰慧反轉了這整個關係：事實就是力量。而這個「事實」是由聰慧、邏輯、道理和辯論所決定。

這就是當蘇格拉底在雅典被帶到法庭上時，他所做的事情。他準備好回答法官和陪審團所提出的任何問題。他問他們說：「我犯了什麼罪？就是告訴我：我犯了什麼樣的罪？一個一個地告訴我，我準備好承擔這些責任。」那些人知道他們不可能辯論得過這個人。但是他們用一個模糊的罪名來控告他……他們以為或許蘇格拉底不會回應這些罪名。事實上，就算是他回應了，陪審團也不會被他所說服，因為那違反了他們的條件。

他們對蘇格拉底所說的第一件事情是：「你所犯下的最大罪刑是：你敗壞年輕人的心智。」

蘇格拉底說：「這是事實，但是這不是一項罪刑。而且你所說的敗壞，我把它稱為創造。因為你們已經敗壞了那些人的心智；我現在只是毀掉那些腐敗而已。如果你是正確的，你何不開辦一間學校、一間學院，就像是我開辦了我的學校和學院一樣？然後人們可以選擇，誰是對的，他們就會去到誰那裡。」

自從蘇格拉底開辦他的學校之後，幾乎雅典所有的學校都空了，因為當一個像蘇格拉底一樣的人教學時，誰能夠與之比擬呢？事實上，所有那些學校裡的老師們都成了蘇格拉底的學生。他是一個真正的大師。

蘇格拉底說：「你可以把一個被我所敗壞的年輕人帶到現場來……而後說明一下，你所謂的敗壞是什麼意思？」

他們說：「你教導他們沒有神或是諸神。」

他說：「是的，因為確實沒有神，也沒有諸神。我能夠拿這一點怎麼辦呢？這不是我的問題。如果神不存在，那麼是你在敗壞這些年輕人的心智，還是我在敗壞他們的心智？我只是說出事實而已。你認為事實能夠敗壞年輕人的心智嗎？」這種辯論進行了好幾天。最後法官決定了：「就聰慧而言，他讓你們全都無言以對。」一個人單獨反對整個雅典的平庸社會，「所以我們不應該進行更多的辯論。我們應該投票表決。」

蘇格拉底說：「投票無法證明什麼是對的，什麼是錯的。事實上人們大部分都會投票給錯誤的部分，因為大眾是由平庸的人所組成的。」

蘇格拉底試著建立一項事實：正確與否應該由聰慧所決定。而這最終創造出了整個科學的發展。蘇格拉底應該被稱為科學之父的，因為在科學裡，沒有所謂「你比較有力量，你就是對的」這種問題。任何人都可以是對的；你擁有多少的權勢一點都不重要。問題是由邏輯、道理所決定的；在實驗室裡，則是由實驗和經驗所決定。

所以在第二個意識的向度上，政治是完全不同的一回事。

印度曾經被奴役過上千年，這其中有許多原因。但是其中一個原因，也是最重要的一個原因是：所有印度的聰慧之士都對最低等的政治——這種本能的向度——不感興趣。所有的聰慧之士對於政治力量沒有任何興趣。他們的興趣全都在於決定：什麼是正確的？什麼是生命的意義？我們為什麼會在這裡？

在佛陀的時代，或許在當時的全世界，那是第二種意識向度來到顛峰的時期。在中國，有著孔子、老子、孟子、莊子和列子，他們都是同一時期的人，他們都具有相同的品質。在印度則有著佛陀、馬哈維亞、古霞拉（Ghosal）、阿吉特・凱西坎保（Ajit Keshkambal），這些人都是壓倒性的巨人。在希臘則有蘇格拉底、柏拉圖、亞里斯多德、普羅提諾斯（Plotinus）、海拉克里特斯（Heraclitus）、畢達哥拉斯，這些人碰觸到聰慧的高峰。當時在世界各地，突然間掀起了一股聰慧的巨浪。只有白痴才會持續地爭戰；當時所有這些聰慧之士都在深入探討著：如何知道什麼是正確的，什麼是錯誤的？

在印度有一項傳統，每個哲學家都會在印度各地旅行一番，彼此互相挑戰。你要了解一點，這些挑戰不是敵意的挑戰。在這第二向度上，沒有仇恨和敵意；挑戰的雙方都是求道者（seekers）。所以，那是一種友誼的現象，而不是爭戰；他們彼此都希望真理能夠獲勝。他們彼此並不試圖要贏過對方。這種「打敗對方」的問題根本不存在。

當商羯羅和曼丹・密施拉（Mandan Mishra）要開始進行討論之前，商羯羅接觸曼丹的雙腳，請求他祝福：真理獲勝。在這裡，碰觸你敵人的雙腳，這是什麼意思呢？這表示其中根本沒有所謂征服對方的這種問題；曼丹當時非常的年老並且獲得全國的敬重。商羯羅只是一個年輕人，他才三十歲；而曼丹已經是他祖父的年齡了。商羯羅會碰觸曼丹的腳，那是因為重點根本不在於擊敗對方；而是請求一項祝福，他所請求的不是他自己獲得勝利，而是真理。而真理不是任何人的財產。

這種情況發生在全國各地。而當時所誕生的聰慧，即使到現在我們都無法找到可與之比擬的品質和敏銳度，原因很簡單，因為在現代，所有的聰慧都來到了科學上。哲學已經荒蕪了。而當時，所有的聰慧之士都在哲學的世界裡。

但是你要記得，那是一種無關個人勝負的競爭，其中沒有證明自己較為優秀的欲望，只有一種尋找真理的探究。它的重點完全不一樣：那是關於真理的勝利。在印度哲學史上最有名的格言就是Satyameva jayate，這句話的意思是「不論輸的是誰，勝利的總是真理」。這不是出於什麼自卑情結，這是來自於一種真正優秀的聰慧。

這種傳統傳遞到中國和日本，也傳遞到其他的領域上。這就是為什麼當你看兩個日本拳師或是和氣道、柔道對手時，你會非常驚訝地發現，比賽前他們會先帶著深深的敬意向彼此鞠躬。其中沒有任何的敵意。

這是柔道以及日本所有武術的教導，當你和某人對戰時，其中沒有個人的敵意。如果其中摻雜著個人因素，那你已經輸了，因為這種態度是來自於自我——這意味你已經掉落到較低的、本能的向度上了。

在柔道的藝術裡，不論誰能夠證明他在柔道這門藝術上比較優秀，他就是贏家。贏的不是這個人，而是這門藝術。就像是在哲學裡，勝利的是真理一樣，只是現在勝利的是這門藝術。你甚至不要有任何一個片刻想著自己和自己的勝利，因為如果你這樣想的話，在那個片刻裡，你就已經輸了。

而這種情況發生過許多次——除了那些能夠了解東方傳統的人，沒有人能夠了解這種情況。有些時候，碰面的是兩個無自我的對手；那麼沒有人會贏。比賽會持續好幾天，結束的時間會一再的延後，但是沒有人獲得勝利。每天，他們都會前來比賽，他們會帶著莫大的喜悅與敬意向彼此鞠躬。事實上，他們因為對方而感到榮耀，因為對方不是一個普通人；光是能夠和對方比賽就已經是一種榮耀了。然後比賽會持續不停。

最後，裁判必須說：「沒有人獲勝，因為兩個人都一樣的無我，沒有人能夠找到方式擊敗對方。」自我就是缺陷。自我是一種昏睡，你會因此而被擊敗。只要有一個片刻的思想進入，你就結束了。柔道、和氣道的藝術，它們都非常類似，它們只有些微的差別，微妙的差別，但是他們基本的精神是一樣的。而這個基本精神就是：當你競賽時，「你」不應該在那裡，而是全然的空無；這麼一來，沒有任何劍能夠砍到你。所以如果你看到兩個劍士對決的話，你會非常地驚訝……

我的一個朋友——在他從日本回來之後，他成為我的朋友——曾經在第二次世界大戰時被捕。他當時在英國的軍隊裡，他是一個中校。他其實是一個錫克教徒，錫克教的戰士，他的名字叫做羌巧・信（Chanchal Singh）。當時他被日本人捉到而成為戰俘。當時有一個印度的革命分子叫做沙巴哈斯・謙卓（Subhash Chandra），他在德國見過希特勒，然後又去到日本，透過希特勒的建議，日本允許所有的印度戰俘接受沙巴哈斯的訓練，以便能夠更好地對抗英國軍隊。

當時的日本人認為這是一個好主義；否則這些印度戰俘只會是不必要的負擔而已。沙巴哈斯當時是為了自己的國家而上戰場，所以他很容易就說服其他的印度戰俘。對那些戰俘而言，那也很好。首先，誰不喜歡為自己的國家而戰呢？其次，這總比當一個戰俘要好得多。而且其中還有著逃離的機會！

沙巴哈斯訓練他們學習各種類型的武術，在戰爭之後，當這些戰俘被釋放時，羌巧回到印度。我當時坐在一個旅館裡和一個朋友討論著印度的自由，我對那個朋友說：「光是把英國人扔出去，並不表示這個國家自由了。自由是一種正向的概念。你可以把英國人扔出去，但是如果你仍然保留著奴隸的頭腦，那麼任何人都可以統治你——即使他是一個印度人——你仍然不是自由的。」

「是的，統治的人可能會改變，白皮膚的人走了，黑皮膚的人上台了。但是你認為換了皮膚換了顏色，奴隸就能夠變得自由嗎？自由需要一些正向的改變，以及頭腦上的蛻變。如果你有的是一個奴隸的頭腦，你會是一個奴隸；至於誰在台上那並不重要。」

到現在我仍然懷抱著這樣的看法，因為好幾十年過去了，印度仍然還是一個奴隸的國家，甚至比以往更嚴重。至少在英國人統治的時候，他們還可以把責任丟給英國人，他們可以說英國人應該負起責任。但是現在，他們甚至沒有這種藉口了。

幾天之前我才得到一個消息，而這種事情只有當一個國家的人民是如此習慣於被奴役時，才會發生這種事情，因為不論你做些什麼，他都無法接受自己是自由的。我得到的消息是，有人發現一輛裝著印度政府機密文件的卡車越過印度邊境，即將進入另外一個國家。所有的機密文件！那輛車子的司機是印度人，護送的警衛是也印度人，那輛車子屬於一個印度的大公司。當這輛卡車被逮捕的時候，這家公司也遭到搜索，然後超過十二名人員被逮捕，後來他們發現這輛卡車是一連串卡車裡的最後一輛，之前已經有許多卡車出境了。毫無疑問的是印度已經沒有任何機密了。

歷史上從來沒有這種事情發生過。所有的機密都被印度人給賣掉！這件事情背後沒有外國間諜的操控與計畫。那完全是印度人主動接觸對方——這是什麼樣的奴隸和奴役心態——詢問對方：「你想要印度現階段核子設備的機密文件嗎？」而那些核子設備的資訊價值五千萬，卻以五十元被賣出，所有的機密文件、整個計畫、整個地方的設備圖表，所有的一切。一個法國的私家偵探購買了所有這些資訊。他沒有反對印度的意圖，但是如果這樣的機密只需要這麼便宜的價錢，那是值得收藏的；任何時候你都可以找到一個機會賺個上百萬元。如果印度和中國開戰的話，中國一定會願意付出高額的價錢來購買這些機密。如果巴基斯坦要對印度開戰的話，巴基斯坦也會願意付出任何代價，不論你要價多高，你都一定可以賣得出去。

蘇聯試著把間諜送到美國，而美國把間諜送到印度……即使那樣，他們都不容易找到機密。但是這個法國偵探送了一個消息給媒體：「英迪拉・甘地總理下午決定的事情，到了晚上它已經在我手裡了，頂多只要三、四個小時。任何在英迪拉・甘地會議室裡的討論只要三個小時就會到達我手裡。」

所以，這不只是某些企業家或某些其他人的行為，而是連內閣部長，政府最高層的政府官員都參與……因為有些機密只有三個最高層的內閣部長和總理會一起進行討論。只有四個人知道這些機密，但是這些機密卻在一個公開的市場裡進行販售。所以，是誰背叛了誰？而這又是一個什麼樣的人呢？奴隸已經成為他血液裡的一部分了。他們需要一個全然的改變，輸入新鮮的血液。他們需要一個全新的頭腦。

當時我和某些朋友正在討論這種奴性，然後這個戰士也在一旁一邊喝茶一邊傾聽著。最後他無法抗拒誘惑，他走過來問說：「我可以坐在這裡嗎？因為你們的討論真的很有意思。如果你允許我坐在這裡的話，讓我自我介紹一下，我曾經是一個自由戰士。我待過日本監獄還有英國監獄，我一開始是英國軍隊的少校。然後因為英國人離開印度，所以我被釋放了；所有的囚犯都被釋放了。現在我在找工作，因為除了戰鬥以外，我什麼都不懂。但是我知道日本武術。或許你可以協助我；我可以開課教導武術。」他就這樣成了我的朋友。

我們設法為他開辦了一個學校，而他真的非常熱烈參與其中。偶爾他會向我們示範一些小技巧，作為一種娛樂。他說：「在日本他們有一種關於聲音的訓練。如果有人用劍攻擊你，而你的雙手正忙著其他的事情，你只要發出某種特定的聲音，對方的劍就會從他的手裡掉落。」

我說：「這似乎真的很不得了！我想見識一下。我有一個從事摔跤活動的朋友，我可以跟他聯絡一下，然後我們可以做這個實驗。他不知道如何用劍，但是他可以用棍子進行打鬥。而且這樣也比較好，因為如果你一時疏忽或是事情出錯了，至少他不會切掉你的頭，我也不會惹上不必要的麻煩。不然你死了，我就麻煩了，所以最好用棍子來嘗試一下。」

羌巧同意了，所以我找到這個摔跤手，我告訴他這件事情。他說：「沒問題，我會把他的頭劈成兩半；只要敲一下，那就夠了。」他是一個很強壯的人，然後當他正要敲擊羌巧的時候，就在他舉手時，羌巧發出一個吼叫聲，他的棍子就從手下掉落，就好像他的心臟曾經停止跳動一樣！究竟發生了什麼事？他的手突然失去了所有的力量，光只是聲音而已。

我問他：「你是怎麼發出這個聲音的？因為它似乎沒有什麼特別之處；人們可以很輕易的學習發出這種聲音。」

羌巧說：「人們可以輕易地學習這個聲音；它背後的關鍵在於『你』不應該在那裡。這一點很難。我待在日本許多年，他們武術裡的所有事情都非常簡單。只有一件事情很困難，那就是『你』不應該在那裡。通常當有人要把你的頭切成兩半時，這種時刻你是絕對需要在那裡的！」

但是甚至在這樣的時刻裡，你都不在那裡，只有這個聲音存在，而你聲音的後面沒有自我。然後突然間，那個攻擊你的人會忘記他自己在做什麼；他會完全迷失。甚至連他的記憶都會暫時不見。他無法覺知到底發生了什麼事，他不知道自己在做什麼，他之前又在做什麼。他會需要一點時間來恢復記憶。只是，你必須是無我的。這份空無會在對方的頭腦裡造成一種變化，一種煞車、一種突然的停頓。

但是如果兩個人都是無我的，那麼情況就很困難了。所以在日本有一種很有名的奇怪現象，那幾乎每天都會發生：在你拿起劍要砍向對方時，對方的劍已經準備好防禦了。他的防禦不是在你移動後才發生的，不，而是在你甚至要移動前。就好像在你想著要移動的那一瞬間，在你的手做出動作之前，對方已經接收到這個意念，然後他已經準備好防禦了。

這種情況也只會在「你」不在的時候才會發生。這時候你的劍和你不是分離的兩件事情。你沒有做任何事情；你就只是「在」那裡，你是空的，你就是允許事情發生。但是當兩個人都是無我時，這種情況可以持續好幾天。沒有人擊劍，甚至沒有人碰觸到對方。

這不是尋常、本能向度的力量。這已經來到了另一個較高的向度，甚至比第二個向度還要更高；這已經來到了第三個向度，也就是直覺的向度。就像是它發生在劍道、拳擊或是東方式的摔跤活動上，這第三個向度的狀況也能夠發生在聰慧上。

我曾經跟你說過我的一個教授……在我整個工作生涯裡，有兩個我很喜愛的教授。我曾經為很多教授帶來各種麻煩，我甚至也曾經讓這兩個教授感到麻煩過，但是我很愛他們。其中一個教授是薩克那教授，我曾經跟你提過他的一些事情。另外一個教授是若依博士。他的博士論文寫的就是關於尚克拉（Shankara）和布蘭得利（Bradley）的比較。他寫好之後把他寫的第一份複本給我。我說：「這樣做不太好，我是你的學生，而你居然把你論文的第一本影印本交給我，而你才剛剛印刷完畢而已。」

他說：「對我來說，你值得拿這第一本。」

我說：「但是，我的看法是你的整本論文……甚至連標題都是錯的，因為你比較的是兩個不同向度上的人。布蘭得利是一個智性上的人，他是一個偉大的學者……他在這一世紀初期支配了整個哲學的世界。他是最頂尖的學者。然而尚克拉完全不是一個學術性的人。」

「當然，他們兩個人都做出類似的結論，這就是為什麼你會比較這兩個人；你看到他們有著類似的結論。但是你沒有看到他們類似的結論是來自於不同的方向。而這就是我反對的原因：因為布蘭得利是透過邏輯而做出那些結論，尚克拉則是透過經驗而做出那些結論。」

尚克拉並不是以哲學的方式來辯論這些事情。雖然他也是以一個哲學家的身分來進行辯論，但是這是次要的。真正的重點在於他經驗過真實。然後為了要表達這份真實，他運用了邏輯、理性和智性來表達。但是布蘭得利沒有經驗過，而他也承認自己沒有經驗，只是在智性上，他發現這種結論是最有條理，最合理的。

所以我告訴若依博士：「如果你問我的話，我會說你比較了兩個完全無可比較的人。」

他說：「這就是為什麼我把第一本論文給你。我知道，如果真要有人能夠思考這本論文，深入其中的話，那就只有你了。我也會把這本論文送給副校長、系主任還有我的朋友們，但是我不認為會有人在看完標題之後就表示反對。」

我說：「你需要重看一遍你的論文，因為我會真的閱讀它，而且我會提出很多問題。所以重新再看一遍。你可能已經完全忘了你的某些論點，因為你五、六年前就開始寫這本論文了。」

這本論文裡還有一些其他的問題存在，但是這個基本的問題一次又一次地出現。一個人可以透過邏輯而做出某些結論，他的這個結論可能是對的，也可能是錯的；你沒有辦法確認它的正確性。但是對尚克拉來說，這種對錯與否的問題不會出現，它就是對的。即使你在邏輯上證明他是錯的，他也不會改變他的立場。但是，布蘭得利會改變他的立場；只要你能夠向他證明他是錯的，他就會改變。我給了若依博士一個我記得的例子。

布蘭得利說：這個宇宙、這個存在是「絕對的」。尚克拉把這稱為「梵天」，但是它們的定義是一樣的，那個「絕對的」。我畫了一個圓，然後我問若依博士：「如果這個圓是完美的，那麼它就再也沒有任何可以發展、進化和演變的機會了。完美不會允許任何的改變。如果存在是絕對的、完美的，那麼它就是死的。如果你想要它是活生生的，那麼讓它保持是敞開的。不要畫滿這個圓；讓它能夠成長、移動和進化。

「我不同意布蘭得利，因為他甚至沒有辦法回答這樣一個簡單的辯論，就像是：

『你的宇宙是死的還是活的？』當然，他沒有辦法接受它是死的。如果它是死的，那麼我也是死的，布蘭得利也是死的，所有一切都會是死的。那麼是誰在這裡辯論呢？又是為了什麼而辯論呢？在這種情況下，只會是一片沉默，因為所有一切都是死的。他沒有辦法承認這一點。但是如果他接受宇宙是活生生的，那麼他必須接受它還不是絕對的，而且它也永遠不會是絕對的。

「我的結論是：它總是越來越接近那個絕對的狀態，但是它永遠也不會是絕對的。它會越來越接近，越來越接近，但是永遠也不會成為那個絕對的狀態，它會一直是活生生的。」

「布蘭得利需要改變他的觀點，而你身為布蘭得利的學生」若依博士在哲學上是布蘭得利的學生，「你需要代表他接受這一點，否則我準備好……告訴我，你要怎麼拯救他這個概念呢？『宇宙是活生生卻是完美而絕對的。』」

他說：「這是事實，我從來沒有想過這一點；布蘭得利沒有辦法辯護這一點。」

我說：「但是，尚克拉也說神、梵天、真理是絕對的。他也沒有辦法辯護他的觀點，因為他的觀點是一樣的。但是他們兩個人的差別在於，布蘭得利會改變他的論點，而尚克拉只會笑著說：「你說得沒錯，我的表達方式是錯的，而我也知道一定有人會發現這種表達方式是錯的。你說的完全正確，我的表達是錯的。」但是尚克拉不會承認他是錯的。因為他的論點是經驗性的，那是直覺性的。

在直覺的向度上，沒有任何戰爭可言。

政客在本能的向度上行動，他就像是野生動物一樣。他不相信除了勝利以外的任何事情。不論什麼手段可以讓他獲得勝利，他就會使用它。最終的結果會證明他所用的方式是正確的，即使那些手段非常醜陋。希特勒在他的自傳裡說：「方法並不重要；重要的是結果。如果你成功了，不論你曾經做過什麼事情，那都是對的；如果你失敗了，不論你做過些什麼，那都是錯的。即使你說謊，但是如果你贏了，它也會變成事實。你可以做任何事情，只要記得一點，你最後必須要成功；成功會追溯過往的一切，讓所有一切都變成是對的。而失敗……你可以做所有正確的事情，但是你的失敗會證明所有一切都是錯的。」

在第二個向度上還有一點掙扎存在，但是這裡的掙扎是人性化的，它是智性上的掙扎。是的，這裡仍然還會有某種掙扎，以便證明你所堅持的事物是正確的，但是真理要比你還來得更為重要。如果你贊同更偉大的真理，而你失敗了，你會感到高興，而不是挫敗。當尚克拉贏了曼丹時，曼丹馬上站起來，接觸尚克拉的雙腳，請求他點化他。那裡完全沒有爭戰的問題；這是一個屬於人類以及高遠聰慧的世界。但是，藉著真理的名義，你內在某處仍然潛藏著些微的政治。否則你為什麼要挑戰這個人呢？如果你知道真理的話，你就是享受它！你何必到處旅行、到處走動，進行辯論擊敗人們呢？如果你知道真理的話，人們自然會來到你身邊的。所以那其中仍然有著微妙的政治。你可以把它稱為哲學上的政治或是宗教上的政治，但是它仍然是一種政治，只是它是極度精鍊過後的政治。

只有在第三個向度上，當直覺開始作用時，那裡是完全沒有爭戰的。佛陀從來不曾去征服任何人，馬哈維亞不曾去征服任何人，老子也從來不曾去征服過任何人。人們會自然地來到他們身邊；那些感到飢渴的人會來到他們身邊。佛陀他們這些人甚至對於那些前來挑戰，想要進行智性辯論的人不感興趣。很多人曾經挑戰過佛陀，舍利弗來過，迦旃延（Moggalayan）來過，摩訶迦葉來過。這些人本身都是偉大的哲學家，他們都有著上千名的弟子，他們都來挑戰過佛陀。而佛陀終其一生的態度是：「如果你知道了，我很高興。你可以認為你是勝利者！但是你知道嗎？我也知道，而且我不認為我需要去挑戰任何人……因為這個世界上只有兩種類型的人：已知和未知的人。對於那些還不知道的人，我怎麼能夠去挑戰那些可憐的傢伙呢？這根本不是問題。至於那些已經知道的人，我又怎麼能夠去挑戰這些豐盛的人呢？這也根本不是問題。」

他問舍利弗：「如果你知道的話，我很高興；但是你真的知道了嗎？而我並不是在挑戰你，我只是問你：『你是誰？』如果你不知道的話，那麼就是放掉這個挑戰我的主意。就是在這裡和我待在一起。有一天，當時機適當的時候，它會發生的。但是它不會透過挑戰而發生，它不會透過討論而發生，它甚至不會透過表達而發生。」

而當時的人非常的誠實。舍利弗向佛陀鞠躬說：「請原諒我來挑戰你。我確實尚未知道。我是一個很有經驗的辯論者，我也曾經擊敗過許多的哲學家，但是我可以看得出來你不是一個哲學家。現在是我臣服的時候了，是我從一個新的觀點來看待事物的時候了。我該做些什麼呢？」

佛陀說：「你只需要花兩年的時間保持沉默。」這是佛陀對每一個前來挑戰的人所用的一個簡單方式。有很多人前來挑戰過佛陀，而他總是對他們說：「就是花兩年的時間，保持全然的沉默。在那之後，你可以問我任何問題。」兩年的沉默就已經夠了，非常足夠了。在經過兩年之後，他們甚至忘記了自己的名字，當然，他們也忘掉所有關於挑戰、關於勝利的想法。他們已經品嚐到這個人的芬芳，他們已經品嚐到他的真實。

所以，在直覺的向度上完全沒有任何政治可言。在一個較好的世界裡，對於那些在智性上具有了解的人而言，這種直覺性的人會是一道指引的光亮。至於那些智性上的政客——像是政治性的教授、知識分子和理論家，他們則能夠引導那些本能性的政客。唯有如此，這個世界才會是平靜的，才能擁有平靜的生活。

光亮需要來自於最高的向度。然後它需要經過第二種向度，因為只有如此，第三種向度的人才能夠捕捉到它；第二種向度上的人會像是橋樑一樣。而這就是古老印度的方式。

曾經有過這樣的事情發生過……

真實而直覺性的人通常生活在森林裡或山上，而那些聰慧的人，那些教授、學者和總理經常會帶著他們的問題去找他們，因為他們說：「我們是盲目的，而你擁有雙眼。」

這種事情也發生在佛陀身上。他當時在河邊有著他自己的營地，而河的兩側都有軍隊駐紮。他們分屬於兩個國王，事實上那條河就是兩國的邊界，而這兩個國家好幾代以來一直為了河的歸屬權而爭戰不已，因為那是一條非常寶貴的河。而他們無法做出決定，因為他們已經讓這條河染上血跡許多次，然而戰爭一直持續著。佛陀的營地在那裡，所以這兩邊軍隊的將軍來找他。意外地，他們兩個人同時進入佛陀的帳棚裡見到了彼此。他們對這種奇怪的巧合感到震驚，但是現在已經無法後退了。

佛陀說：「不要擔心；好的是你們兩個人一起來了。你們兩個人是盲目的，你們的祖先也是盲目的。這條河不斷地流動著，而你們卻持續殺戮著。你們難道無法看到一個簡單的事實嗎？你們雙方都需要水，而這條河擁有足夠的水。你們根本不需要佔有它。而且誰能夠佔有它呢？所有的水都將流入大海！為什麼你們不能同時使用它呢？一邊屬於一個國家，另外一邊屬於另外一個國家；這根本沒有問題。你們甚至不需要在河中央畫上一條線，因為那是不可能的。你們就是使用這些河水，不需要為它而爭戰。」

事情就是這麼的簡單。而他們也知道兩國的田地和農作物都因為疏於照顧而枯死。戰爭已經變成他們首要的事物，只為了決定誰能夠擁有這條河。他們都認為自己必須先佔有這條河流；然後他們才能夠灌溉自己的田地。

愚蠢的頭腦只會想到佔有。而這個人的洞見所看到的是實用性。

佛陀對他們說：「使用它！當你們用光了所有的河水之後，再來找我。那才是有問題的時候，到時候我們再來看情況。但是，只有當你們用光所有的河水時，你們才來找我。」

二十五世紀之後，那條河流仍然流動著。你怎麼能夠用光所有的河水呢？那是一條大河，它有上千里之長。它把水從喜馬拉雅山的永恆雪水帶到孟加拉海。你怎麼能夠讓它耗竭呢？而那些王國只是小小的王國。就算是他們想要使它耗竭也是不可能的事。

這種洞見只會來自於一個直覺性的人。只有聰慧的人能夠了解這種洞見，然後那些聰慧的人能夠協助本能性的政客，因為本能性的政客唯一的欲望就是力量。

這就是我所說的賢能政治（meritocracy），因為最高的能力能夠支配並且影響較低的階層，協助他們往上提升。這其中沒有既得利益的問題，也因為其中沒有什麼既得利益，所以它是自由的，它的洞見是清晰的。

要讓直覺性的人向本能性的人進行說明和解釋是很困難的事情，因為他們彼此之間距離太遙遠，他們屬於兩個完全不同的向度，其中沒有任何橋樑。在這兩種人之間，聰慧的人能夠帶來無比的協助。

所有的大學、學院和學校不應該教導政治科學（political science）。只教導政治科學是一件非常愚蠢的事！如果你要教導政治科學，那麼你也需要教導政治藝術（political art），因為科學是沒有用處的；你需要教導的是實用性的政治。那些大學裡的教授應該為那些政客進行一些準備，提供他們某些特定的品質。如果這種事情發生的話，那麼現在那些當權者不會當權，真正當權的會是那些受過精良訓練與培育的人，他們了解政治的科學和藝術，而且他們隨時準備好去諮詢那些教授和學者。然後慢慢地，他們或許能夠來到賢能政治裡較高的一層；也就是那些直覺性的人。

如果這種情況能夠發生的話，那麼我們會首度擁有一個真正人性化的世界，能夠賦予人們尊嚴、正直與個體性。

然後，你才會在這個世界上擁有真正的民主。目前的民主不是真正的民主，而是一種暴民統治（mobocracy）。

第3章

政治和宗教的力量

宗教已經失敗了，政治已經失敗了，意識形態已經失敗了，而它們都有著非常清晰的輪廓，它們曾經是人類未來的藍圖。它們都失敗了。而這是無可避免的，因為它們全都是以框架為主，而每一種框架遲早都會讓人類的心變得沉重。每一種框架都會變成一種監獄，然後遲早你會叛逆地對抗它。你難道不曾觀察過整個歷史嗎？每一場革命本身到最後都會轉變成一種壓制。

但是這裡所發生的不是革命，這裡是叛逆。革命是社會性的、集體性的；叛逆則是個體性的。我們感興趣的不是在社會上形成更多的框架、教條。現有的框架與教條已經夠多了！放掉所有的框架。我們想要的是個體，我們想要個體能夠在這個世界上自由的移動，當然，也是有意識地移動。而這些個體的責任來自於他們的意識。他們的行為正確，不是因為他們試著遵循某種戒律；他們的行為正確，他們的行為適當，那是因為他們的意識、他們的心。

問題　這些日子裡，政客們的談話似乎變得跟那些教士一樣，而那些教士的行為則變得跟政客一樣。政教分離的這種概念現在到底怎麼了？

政客和教士沒有什麼不同。他們是同樣的人，他們有著同樣的欲望，一種對於權力的欲望。只是他們選擇了不同的領域。

政客選擇的是這個塵世。在政客和教士之間有著一份不言而喻的合約，政客不會干擾宗教的領域，而他也希望宗教不要打擾他的世界。這份合約一直都很好，而他們雙方都試著支配人類。一方關注的是外在的世界，另外一方關注的是內在的世界。他們的世界彼此沒有重疊，所以他們也不會有衝突。事實上，在歷史上，他們一直支持著彼此。教士總是祝福著政客，而政客也總是讚美著教士；有時候這種情況是如此地荒謬而令人難以相信。

第二次世界大戰時，德國大主教曾經祝福過希特勒，並且向神祈禱德國獲得勝利。而這同樣的宗教在英國也有著同樣的主教，他祈禱英國能夠勝利地打敗德國。他們的神是同一個神，他們的宗教是同一個宗教，但是問題在於德國的教士和德國政客有契約，而英國的教士和英國政客有契約。所以誰在意神呢……

事實上，這些教士是這個世界上最不相信神的一群人。他們非常清楚知道神不存在。他們比任何人都清楚，因為那是他們的生意。但是他們一直假裝神是存在的。因為沒有神的話，他們會失去權威。他們透過神的名義而成為主教、教宗以及神的化身。如果沒有神的話，那麼他們是誰呢？他們只會是一群平凡人，他們突然間會變得什麼都不是。所以他們必須一直維持這個謊言。

你可以在第二次世界大戰裡看到這種情況，兩邊的主教都清楚地知道問題不在於神。沒有人在意神；問題在於政治。否則他們應該要拒絕這種要求的。兩邊的主教都應該說：「我們怎麼能夠祈求德國或是英國獲得勝利呢？我們的神是同一個神。我們的祈禱會是彼此矛盾的！我們的宗教是同一個宗教，我們有著同樣的基礎，我們有著同樣的教會，我們的主人都是耶穌基督。我們怎麼能夠進行你所要求的事情呢？」

但是從來沒有人提出這個問題。他們進行了祈禱，因為神或是耶穌基督根本不重要。重要的是你的既得利益。德國主教有他自己在德國的既得利益，而不是英國，所以他必須支持希特勒。英國的主教則必須支持英國還有英國的政治家。然後這些政客則會不斷向那些主教進貢以作為回饋。

英國的主教會為英國的國王加冕。那只是一種儀式，但是至少在一般平庸大眾的眼裡，主教擁有較多的力量，因為他為國王加冕，他是國王的製造者。但是事實上，這個主教自己很清楚，國王任何時候都可以把他扔出去；是他需要國王的支持。而國王支持主教則是因為國王也需要教士的支持。一般大眾相信神，一般大眾相信主教，一般大眾會上教堂。所以如果這個國王希望自己的王位穩固，那麼他和教士之間會形成一份互助合約。

情況一直都是如此。雖然現在政治的意識形態改變了，國王和皇后消失了，取而代之的是總統和總理，但是這種基本的合約仍然持續著。美國總統在進行總統宣誓之前，他會先去找他自己的教士或牧師尋求祝福。在他接受過祝福之後，他會以神的名義起誓而成為一國的總統。他透過這種方式擁有政治的力量，也獲得宗教大眾的支持。但是這個可憐的傢伙對於好幾世紀以來的這種合約毫無概念，而這種合約的存在是因為教士和政客雙方都想要力量。他們共同的基礎就在於追逐權力。而且他們很容易就劃分出各自的領域，所以他們不會有衝突，因為衝突很可能會摧毀雙方擁有力量的可能性。

在印度事情一直都很清楚。五千年來的政客和教士們從事著同樣的生意。印度教把社會區分成四種階級。第一個階級是婆羅門（Brahmins）和教士的階級。他們是最高等的人。婆羅門一無所有，他們是貧窮的，但是他們的自我感到無比的滿足，因為他們是最高等的人種。甚至連國王都比他還低一等，因為國王屬於第二個階級，戰士（kshatriyas）。國王擁有所有的力量、所有的金錢，但是他們接受婆羅門比他們更高一等。他們會去碰觸教士的雙腳，因為透過這種方式，所有那些跟隨這個教士的宗教信徒會支持這個國王：「他是多麼的謙恭啊！他是多麼的謙虛啊！」而那其實是純粹的政治。

第三種階級是商人。婆羅門是貧窮的，因為他無法創造財富。他為人們祈禱、他為人們安排婚姻。從人們的出生到死亡，他會進行各式各樣的儀式；這是他的工作。但是也由於這份工作，他沒有辦法變得富有。因為到處都是窮人，你能夠從他們身上剝削多少東西呢？他們這種吸食剝削的方式已經進行好幾世紀了，婆羅門只是一種寄生蟲而已。只是可憐的一般大眾沒有多少血液可供他們吸食。

所以，商人、那些最為富有的人獲得了社會上的第三個階級，他們比國王還富有，他們也比婆羅門還富有。由於他的富有，他的地位只比國王低一級。在印度，國王一直要向商人們借錢。因為過去沒有銀行；所以商人擁有所有的金錢。然後他們透過借款和利息供給國王所需的金錢。而國王需要錢來供給他的軍隊以及對外的侵略；國王需要金錢來維繫並且顯示他的輝煌，大理石的宮殿、金色的王冠。他要從哪裡獲得這些東西呢？貧窮的婆羅門沒有辦法提供他這些東西；貧窮的婆羅門能夠提供國王的是大眾的支持。而這種大眾的支持是商人所無法提供的，因為一般大眾是貧窮的，而窮人總是反對富有的人。

甚至在馬克思出現的一萬年前，這些窮人就已經是共產主義者了。他可能不知道這個字眼，但是他知道自己被剝削。他從早到晚辛勤地工作，他整年不停地工作，但是即使如此，他仍然是飢餓的。他生產所有的東西，但是所有一切都被那個提供種子的商人所拿走。那個商人給他一些錢，讓他的女兒能夠出嫁。所以商人成為所有窮人的債主。

窮人沒有辦法造反，但是他們也沒有辦法喜歡那些有錢人。他們知道事情是怎麼一回事，他們並不盲目。

所以，在印度窮人是第四個階級，他們也是最低等的人。這是一種很好的安排；因為沒有任何一個階級的人能夠反抗另外一個階級的人。最低一級的人，也就是這第四個階級的人叫首陀羅(sudras)，他們是低賤的，他們無法接受教育，因為透過教育他們可能會開始具有野心。如果一個人可以成為學校的老師，他為什麼要持續清理人們的廁所呢？如果他具有成為大學教授的資格，他為什麼要持續不斷地為人們製作鞋子呢？你最好一開始就禁止這些人，所以首陀羅是不被允許接受教育的。

第四個階級擁有最多的人口，超過了半數以上的人口。他們不能跟較高階級的人通婚；他們也不能跟較高階級的人坐在同一個月台上。甚至連他們的影子都是污穢的。如果一個賤民經過你身邊，如果他的影子碰觸到你，光只是他的影子碰觸到你，還不是他的身體，你就需要洗個澡。他們幾乎被貶低成為非人類。他們提供所有一切，他們製造所有一切。他們編織衣物，他們製造鞋子，他們清掃街道。他們為另外三個階級的人進行所需的工作……

商人是其中的媒介。他剝削，他累積金錢。即使他屬於第三個階層，但是他是快樂的。他可以買得起國王，他可以買得起婆羅門，所以誰在乎他只是第三個階級的人呢？他非常清楚知道金錢就是最高的力量。他是國王的債主，而且那些教士也需要依賴他，所以內在深處他是絕對滿足的。他其實是高高在上的，但是他願意讓其他人享受他們是高高在上的這種概念。因為那有什麼關係呢？事實才是真正重要的。

雖然婆羅門是貧窮的，但是他也是滿足的。他的滿足是因為他是最高的階級。他的自我感到滿足。而國王根本不在意這些婆羅門，那是因為他的手裡有劍。他可以讓教士做任何他想做的事情。他碰觸那些教士的雙腳只是一種禮儀罷了；事實上，他可以砍掉他的頭，而那些婆羅門也知道這一點。

所以國王一點也不擔憂自已是第二個階級的人，雖然他是個國王。他知道不論你把他放到哪個階級，那都不重要；他就是主人。他可以殺掉教士，他可以拿走商人所有的錢。他借錢支付利息只是一種禮貌而已。他從來不會還錢。沒有任何一個國王曾經還過錢，那是不需要的。你也不可能要求他這樣做，因為他的劍擁有所有的力量。好幾世紀以來，他一直從商人那裡拿錢，卻從來不曾還過錢，所以不論你要多少利息，他都會同意。他既不會歸還本金也不會支付利息。從來沒有國王還過錢；這種事情從來不曾發生過。

但是那些商人很享受自己是國王債主的這個想法。沒有商人的話，國王無法統治這個國家。國王用的是他的金錢、他的力量，所以很自然地，那些商人會利用這一點來取得各項資格，他擁有各種優先權，因為國王需要依賴他的金錢。這是一種很好的安排，它也非常符合人們的心理，所以這三個階級的人都覺得很好，他們都覺得自己是高高在上的。

至於第四個階層的首陀羅，他們的內在深處也覺得沒有他們的話，這個社會會死亡。因為他生產食物、衣物以及所有的一切。所以讓那些白痴認為自己是高高在上的吧，事實是他們全都需要依賴他。他們吃的是他所種植的食物，他們居住的是他所建造的房子，他們穿的他所編織的衣物。沒有他的話，所有人——不論是商人、國王還是教士——都只能自殺。所以他或許很窮，他或許在各方面都受到貶低並且被剝奪了人性，但是他認為這些都只是一種形式，那沒有什麼差別，他才是有力量的人。

所以每個階級的人，他們的內在深處都是滿足的，這就是為什麼印度從來不曾有過革命，革命也不可能會發生在印度。在所有曾經發生過革命的國家裡，革命都是由知識分子所引發的。知識分子不會是革命的發動者，但是他們會提供一種觀念。但是在印度，知識分子都是婆羅門。而任何一種革命都會危害到他的利益，所以很自然地，他不會提供人們這種革命的觀念。他只會提供那些避免革命和改變的觀念。

當然，那些身為國王，也就是戰士階級的人不會喜歡革命的，因為那也對他有害。革命會讓人們把他從王位上拉下來。商人也不會支持革命，因為所有的革命都反對有錢人。至於窮人，他們則根本無法想像革命這回事，因為他不曾接受過任何教育，他被禁止接觸另外三個較高階級的族群。他只能生活在城市外面；他不能住在城市裡。窮人所擁有的井並不深，他們也沒有錢去挖掘更深的井，商人所擁有的井比較大、比較深，而國王則有他自己的井；但是即使在旱季，當窮人的井裡汲不出水的時候，首陀羅也不可以從任何其他人的井裡取水。他必須走上十哩的路途去河邊取水。

首陀羅非常的飢餓，他甚至一天吃不到一頓飯，而且其中還沒有什麼營養，所以他怎麼能夠思考關於革命的事情呢？他認為這是他的命運。他曾經受到教士的教導和制約，這都是他的命運：「神給予你這個機會去展現你的信任。這個貧窮不算什麼，這不過是幾年的問題而已。如果你能夠保持信仰的話，你會得到豐厚的報酬。」

所以，從某方面來說，教士不斷地教導人們反對改變；然後從另一方面來說，他們也無法想像任何一種改變，因為他們是一群營養不良的人。而你要了解一點，營養不良的人無法是聰慧的。只有當你的身體獲得它所需的所有養分，再加上一些其他事物時，聰慧才會綻放。這些額外「加」上去的部分會成為你的聰慧，因為聰慧是一種奢侈品。一個一天只能吃一頓飯的人是一無所有的，他沒有足夠的能量讓聰慧得以滋長。所有的概念、所有新的哲學、新的生活方式還有關於未來生活的新夢想，都是由知識分子所創造出來的。但是在印度，知識分子已經是高高在上的一群人。所以印度達成了一件很重要的事情，那就是維持現狀。從來沒有任何其他國家曾經運用如此科學化的方式來維持現狀過。而你會非常驚訝地知道，達成這件事情的人是摩奴(Manu)。即使在五千年之後，人們仍然遵循著他的教導。

在我們這個時代，在印度之外，只有兩個人曾經欣賞過摩奴。一個是尼采，另外一個就是希特勒。希特勒是尼采的追隨者，而尼采是納粹的哲學家。希特勒只不過是實踐了尼采所倡導的學說而已。在馬克思和列寧之間也有著同樣的關係。馬克思是一個哲學家，他向這個世界提出了共產主義的觀念。而列寧則讓共產主義成為事實。尼采和希特勒之間的關係也是一樣的。

尼采和希特勒這兩個人都讚賞印度這本五千年前的書籍《摩奴法典》（*Manusmriti*），這並不是什麼偶然。這兩個人都讚賞它，因為他們可以從中看到摩奴的規畫是多麼的傑出，它所創造出來的系統到目前都還持續運作著。它讓印度五千年來不曾有過任何革命，或許它可以永遠抑制革命的發生。印度很可能永遠都不會有任何一場革命出現。

共產主義是印度最古老的政黨之一，但是它沒有力量，因為它一點也不吸引印度人的頭腦。婆羅門不會對它感興趣，因為共產主義不相信神；對婆羅門而言，這些人是反宗教人士，他們是一群沒有道德的人。戰士不會對共產主義感興趣，因為他們擁有自己的力量；任何有力量的人都不會對共產主義有興趣，因為它想要分散力量，讓一切都是平等的。現在，如果你擁有力量，你不會喜歡自己的力量被平等地分散出去。擁有力量的唯一喜悅就在於它讓你高高在上，而其他人都在你的下方；你成功地到達了埃佛勒斯峰，其他人則在遙遠的山下。你不會接受這種分散力量的思想。

商人也不會支持共產主義，因為他的金錢會被平等地分散出去。而唯一可能會對共產主義感興趣的人，是最貧窮的一群人，但也是一群缺乏聰慧的人，他們全都受到教士的掌控，你甚至沒有辦法說服他：他的貧窮來自於他所受到的剝削。我曾經嘗試過；但是那是不可能的。因為他會持續不斷地說：「不，這是我的命運、我的業，請不要說任何打擾我的話語，因為這只會讓我持續地受苦。現在這只不過是幾年的問題而已。如果我保持對神、教士和經典的信仰，我未來會是自由的，到時候我會擁有所有的報酬和享受。」這種人不會發起革命的，因為革命會摧毀他的天堂。

革命對於印度的窮人沒有吸引力，因為他們缺乏某種特定的聰慧。好幾世紀以來，一個製鞋匠和他的祖先都只能當一個製鞋匠，他們從來沒有做過其他任何事情。他們也不被允許做其他任何的事情；印度的社會系統是如此地嚴格，以致於沒有任何一種改革運動能夠發生。一個鞋匠的兒子，不論他想做些什麼，他都不能轉換到另一種行業上。不論哪裡，不會有人接受他的。

這些政客和教士對力量都充滿了野心。此外，還有另外一種野心，那是對於金錢的野心，因為那也是一種力量。所以力量有三種路線。一種是教士的路線，他和神有直接的關係；他知道一些你所不知道的事情；他是有智慧的，而你是無知的；他擁有崇高的道德，這就是為什麼他生來就是婆羅門。而你過去曾經犯過罪，這就是為什麼你不是婆羅門。每個人的階級都是根據他的行為而定的。

第二種力量是政治上的力量，而這過去在印度——也包括其他地方——代表的是劍的力量。第三種力量則是金錢。

力量只有這三種；而印度這三種類型的人，與其是彼此抗爭，其實是他們瓜分了各自的領域，那實在是非常聰明的做法。他們瓜分了各自的領域，所以他們不會介入彼此所屬的領域。而一般大眾則被這些人以不同的方式剝削著、奴役著、不斷地工作著，他們貧窮地生活，也貧窮地死去，他們從來不知道任何關於美、音樂和詩意的事物。這些事情跟貧窮的大眾沒有任何的關係。

我的努力是要讓這個世界上的聰慧之士清楚地知道：擁有這三種力量的人是一種罪犯。任何一個具有權力意志的人都是一個罪犯。這就是我對於罪犯的定義：任何一個具有權力意志的人。而為什麼我說具有權力意志的人是罪犯呢？因為權力意志指的是一種支配他人的力量。這讓其他人只能被奴役和剝削。這讓其他人只能被貶低為次人類。這些人擁有同樣的潛能但是卻不被允許去實現自己的潛能。

權力意志指的是你想要成為主人，然後你把他人變成奴隸。而奴役他人的方式有好幾種。其中一種方式是透過知識，那正是印度教士所擁有的。在英國來到印度之後，印度面臨很大的衝突，因為那些婆羅門不願意把他們的經典翻譯成其他語言。他們堅持這些經典必須保持是古老的梵文，而梵文從來就不是一種大眾化的語言；它是一種只屬於教士的語言。但是在英國的支配底下，那些教士是無能為力的，即使他們努力堅持，即使他們說這些經典不應該被翻譯，翻譯只會毀掉這些經典。但是英國人仍然堅持這麼做，他們認為那是最古老的文明之一，在那些無數的經典裡或許隱藏著某些祕密。所以他們開始翻譯那些經典。

對於梵語文獻的翻譯摧毀了婆羅門的所有「智慧」，因為在那之前，沒有人能夠了解他們在說些什麼。梵文是一種美好的語言，它幾乎是詩意的。它具有一種神奇的品質。你可以吟唱它，它甚至連散文都聽起來像詩一樣。所以當婆羅門歌唱、吟誦的時候，沒有人知道它的意義。不論教士說它是什麼，它就是什麼。梵文是神的語言，它是一種只有教士才能夠了解的語言。所以神和人類之間的所有事情都必須經由教士——也是就那些婆羅門——而進行。

這同樣的情況也發生在其他的地方、其他的宗教裡。猶太教士從來都不願意讓他們的希伯來文經典被翻譯成平常的語言。這種情況發生在每一個宗教裡。而這其中的原因在於那些經典根本就是廢話，其中沒有任何東西！你翻遍整座山，你甚至不會找到一隻老鼠。那些教士的知識是假的、偽裝的，只要一般大眾不知道他們在說什麼，他們就可以持續偽裝好幾個世紀。

你會很驚訝的知道，印度教裡有一個神祇叫做拉瑪(Rama)，他被稱為是神的化身，據說他曾經把融化且熱騰騰的鉛灌入一個可憐傢伙的耳朵裡，只因為他在婆羅門舉行儀式時，躲在樹的後面偷聽那些婆羅門頌唱《吠陀經》。教育對一般人來說是絕對不可能發生的；人們甚至不被允許傾聽婆羅門的頌唱，所以才會有這種處罰出現。然後，人們還把拉瑪當成神的化身來膜拜他。

甘地一直不斷地膜拜拉瑪。我很驚訝一個像甘地這樣的人，一個總是主張非暴力的人，居然會膜拜帶著弓箭的拉瑪。弓箭是拉瑪的象徵。他是那麼地殘忍……我不認為那個可憐的傢伙做錯任何事情。他只不過對那些宗教儀式感到好奇，所以才會躲在樹的後面傾聽。他沒有做錯任何事情，而且他也根本不了解教士在吟誦些什麼；只因為他的行為違反了當時的社會教條，拉瑪就讓這個人耳聾一輩子。

但是，甘地仍然每天早晚都會頌唱拉瑪的名字。甚至當他被刺殺時，他所說的最後話語就是「嘿，拉瑪！喔，拉瑪！」他一生最後的話語是向一個暴力而不怎麼具有人性的人致意，他的神聖真是毋庸置疑啊。

因此，致力於改革運動的人需要做一件事情：暴露出這三個欲求權力的族群是如何同謀危害著所有的人類。現在是時候了，我們需要了解並且摧毀他們的合約。而這是可以輕易做到的：你只需要創造出越來越多個對權力無欲無求的社區，那裡不反對金錢，不反對衣物，不反對任何事情，那裡允許人們奢侈、舒適地生活，沒有人會剝削他人的勞力，也沒有人會支配他人；在那裡，水管工和教授會獲得同樣的敬重，他們之間是沒有差別的。

我很驚訝那些來參觀我們這個社區的人沒有看到這個簡單的事實：在這裡，水管工人和教授獲得同樣的敬重。事實上，在這裡沒有人知道誰是水管工人，誰是教授，因為今天教授是教授，明天他可能就會變成一個水管工人。而我們的水管工人也不是什麼未曾受過教育的人，他們任何時候都可以變成教授。

這是第一次有這麼多的人帶著人類的尊嚴而生活，而且你不需要努力讓他們是平等的。事實上努力是一種攻擊性的行為。這就是我和共產主義不同的地方。我看待共產主義和其他人的方式完全不同。其他人反對共產主義是因為他們的既得利益會因此而受損。而我反對共產主義是因為它還不夠徹底！它差得太遠了。

你可以很輕易發現這一點。以蘇聯為例子，在那裡人們的個體性被摧毀無遺。他們並沒有因此而擁有自由，反而變成全然的奴隸；而且那裡的階級並沒有因此而消失，它不過是換了一個名稱罷了。在共產主義當道的蘇聯，有些人擁有權力——他們是權力集團——而有些人則毫無權力。所以你可以說蘇聯有兩種階級，而這兩種階級之間的改革運動跟過去的印度一樣地困難。

在革命後的六、七十年，那些掌權者和過去幾乎沒有什麼差別。不停地有人死不停地有新人接替舊人的位置，但是那些新人並不是來自於一般民眾。比如說當史達林死後，赫魯雪夫在他後面早已等待了四十年，他知道一旦史達林死後，他就會成為這個世界上最有權力的人。所以他當然會痛恨史達林，但是即使如此，他從來不曾說過一個反對史達林的字眼……每個人都知道史達林謀殺了他所有的競爭者，他就是殺了他們。

在蘇聯革命時期曾經有過許多不同的領導人物。其中最重要的一個人是列寧。而史達林毒殺了列寧，只是他毒殺的方式非常緩慢，他花了將近兩年的時間來毒殺他。在那兩年之間，列寧一直不斷地生病，而史達林則代替他的角色工作著，同時把他自己的人安插在所有的重要位置上。因為一旦列寧死後，第二個人是托洛斯基，他會馬上接管一切。這就是為什麼他一直讓列寧活著；否則他根本不需要用小劑量的方式來毒殺他，只要一劑毒藥就可以殺掉他了。史達林讓列寧活著，所以托洛斯基無法接手列寧的權力。當時的史達林只是一個祕書而已，但是他代替列寧行使權力。當他看到時機來臨，他掌握了所有戰略上的重要位置時，列寧就完蛋了。托洛斯基根本沒有任何活下來的機會；所以當托洛斯基意識到這一點的時候，他就逃離了蘇聯。

他的逃離相當成功，因為史達林連他的狗都殺掉了。史達林是一個復仇心極重的人，最後，他還是在墨西哥殺掉了托洛斯基。雖然托洛斯基已經盡可能地逃得遠遠的，但是史達林還是派了職業殺手去殺他，所以托洛斯基死了。然後接下來被謀殺的人還有加米涅夫和季諾維夫。那些人全部都被殺掉、毒殺或是被送去西伯利亞，然後再也沒有人聽過他們的下落。

托洛斯基是其中最重要的一個人，但是也由於他知道自己的重要性，所以他從來不曾在意自己的背後發生了什麼事情。事實上，他自己也做過這些同樣的事情。而史達林一直都知道他對這些人所做的事情，很可能也會發生在他自己身上。所以史達林雖然安插了自己的人手，但是他和這些人保持了很大的距離。而且他始終保持著這種距離。沒有人能夠把他當成是一個朋友。因為在政治權力上，朋友是很危險的一件事，因為他們太親密、太緊密也太危險了。

赫魯雪夫只能夠成為史達林的崇拜者。當史達林過世後，赫魯雪夫成為總理，當時在他的內閣會議裡，他第一次顯露出他的想法。他說：「四十年來，我一直都在燃燒著。我看到史達林做過歷史上從來沒有人做過的事情。」史達林他在革命之後殺了將近上千萬的人口。這時候有人從背後發問說：「如果事情真是如此的話，他就是一個謀殺者。那你當時在做什麼呢？為什麼你之前從來不曾發言呢？」

赫魯雪夫笑了說：「這位同志，你站起來，讓我可以看到你的臉，也請說出你的名字。」結果沒有人站出來。赫魯雪夫說了兩遍同樣的話語，然後他說：「你現在了解為什麼我當時保持沉默了吧？你聽到我的回答了嗎？如果你現在站起來的話，你就會知道，如果我當時說出任何一個反對的字眼，我會發生什麼樣的事情。」但是，後來同樣的事情仍然還是發生在他身上了。

在蘇聯，主導這整齣戲的人是一群權力分子，而他們擁有所有的權力。他們擁有教士的權力，因為他們徹底摧毀了宗教，那裡不再有教士的問題。他們奪取了教士的角色。所有的書籍都是由政府所出版的。每一份報紙，每一份雜誌，所有的資訊都是由政府所出版。政府做了教士以往所做的工作。那些政客完全接管了教士以往的領域；所以他擁有雙重的力量。他能夠決定什麼是對的，什麼是錯的。另外，他也把第三種力量掌握在手裡，因為在蘇聯，所有的一切都是國有的。

這到底是什麼意思呢？當一切都收歸國有時，那意味著所有一切都到了政客的手裡，所有的工廠、所有的土地、所有的金錢、所有的一切，當然也包含人民，因為他們已經不再是人類了，他們變成了一種貨物。所以在蘇聯，一件非常奇特的事情發生了。那是有史以來第一次，三種權力中心合為一體。這也就是為什麼蘇聯這整個國家變成了一個巨大的監獄，一個巨大的集中營。

我們需要在世界各地創造出社區的模範，讓人們能夠參觀並且看到：權力是完全不需要的，一個人可以在沒有權力的狀況下感到歡欣，同時不需要奴役任何人。

你試著透過奴役他人所做到的事情，可以更容易地透過友善和愛意來完成。你不需要把人們劃分成較高、較低的階級。每個人都可以用不同的方式為社區有所貢獻，就像是清理廁所的工作和大學副校長的工作有著同樣的重要性，因為這兩個人所做的事情都是重要的。事實上，如果副校長離開的話，那不會有什麼大麻煩，但是清理廁所的人不能離開；他是更為根本而重要的。也因此，他需要獲得較多的敬重。

在這樣的社區裡，不會有人覺得自卑，不會有人覺得優越。沒有人會去在意這些事情。在一天的工作結束之後，每個人都享受著舞蹈和歌唱。那裡有教授、治療師，也有清潔人員。但是其中沒有階級。

對我來說，這才是真正的共產主義。在我們的社區裡，我們沒有把任何的平等加諸在人們身上。每個人都是獨特的，沒有人是一樣的；但是卻有著一種微妙的平等在其中流動著，同時它不會要求你和別人必須是一樣的。它允許你獨特，同時也讓所有的不平等都消失。這裡沒有人是教士，或是每個人都是教士。其中沒有人追求權力，或是每個人都擁有權力，那是沒有問題的。如果有人想要在自己的脖子掛個標誌說：「我是這個大學的校長。」沒有人會反對這一點。人們會非常地享受！沒有人會對他說：「這是不可能的，你不該在這裡。你只是一個廁所清潔人員，而你居然想成為這個大學裡的老大。」沒有人會說這種話。事實上，他可以脖子上掛著校長的牌子，然後同時清理著廁所，這其中沒有任何矛盾之處。人們只會把這當成一個笑話。

任何一個假裝自己擁有權力的人只會被當成一個笑話、一種娛樂；頂多，人們會認為他稍微有些瘋狂罷了。

問題

我常常聽你說政客和教士是一群剝削者和騙子，就好像他們是來自於外太空的族群，壓迫著我們。但是我認為與其是如此，不如說那些政客和教士其實是來自於我們這群人之中，因此我們對於他們的所作所為需要負起全部的責任，而抱怨他們就像是在抱怨我們自己一樣。難道這些政客和教士不是隱藏在我們每個人的內在嗎？

當然，那些政客和教士不是從外太空來的；他們是從我們之中誕生出來的。我們對於力量也有著同樣的欲望，我們同樣也有著想要比他人更神聖的野心。只是就野心和欲望而言，政客和教士是一群最成功的人。

我們當然是有責任的，但是這是一個惡性循環；我們不是唯一有責任的一群人。這些成功的政客和教士持續不斷地用這同樣的野心來制約下一代；他們建構出這樣的社會，他們培養這種野心的頭腦和制約。他們也是有責任的，而且他們的責任要比一般大眾的責任還來得更多，因為大眾只是一群受害者，他們被這些政客和教士強加灌輸了各式各樣的概念。

一個孩子來到這個世界上的時候是沒有任何野心的，他對於權力毫無欲望，他也沒有什麼是較為高等、優越或更為神聖的概念。所以孩子們不可能是有責任的。是那些養育孩子的人，那些父母、社會、教育系統、政客和教士污染了每一個孩子。當然，當他們自己還是孩子的時候，他們也是遭受污染的人……這是一個惡性循環。而我們要從哪裡來破除這個惡性循環呢？

我堅持譴責那些教士和政客，因為那是我們能夠打破這個惡性循環的地方。如果我譴責那些來到世界上的幼小孩童，那不會有任何幫助的。如果我譴責一般民眾，那也不會有什麼幫助，因為他們已經受到制約了，他們已經受到污染了，他們是痛苦的，他們是不幸的。沒有什麼方式能夠喚醒他們，他們是沉睡的。唯一一個我們需要集中譴責的焦點就是那些擁有力量的人，因為他們擁有污染下一代的力量。如果他們能夠停止的話，我們就能夠擁有一個新的人類。

我知道每個人都是有責任的。不論發生的是什麼事情，某種程度來說，每個人都參與其中。但是對我來說，重點在於誰才是應該受到抨擊的人，以便我們的下一代能夠免於這種惡性循環。人類已經演進好幾個世紀了。這就是為什麼我不譴責一般大眾，我不譴責你。我譴責的是那些掌權的人，因為他們只要稍微放鬆一些他們的既得利益，正視一般大眾所遭受的痛苦，那麼蛻變能夠發生，繼而破除這個惡性循環。

我是刻意選擇這些政客和教士的。另外，還有一些事情是你需要記得的。這些教士非常清楚地知道神不存在。在這個世界上，教士是唯一知道神不存在的人，但是他的工作完全仰賴於這個不存在的人。所以他不能說出這個事實，不然他會失去所有一切的既得利益，而且不只是他自己的既得利益，還包括接下來好幾代的既得利益，他會毀了這整個遊戲。那些教士們知道他們所舉行的儀式是假的，他們唸誦的咒語裡沒有任何力量，他們的神學也只是一種掩飾。沒有人比他們更清楚這些事情；他們研讀過那些經典，他們知道沒有任何證據能夠證明神的存在。他們解讀那些經典，就只是為了有利於他的工作。他不斷地註解那些古老的經典，加上越來越多的說明，只因為那有助於他的工作。

每當時代改變時，他就需要加上新的註解。像是摩奴，他是一個五千年前的思想家和教士，他是教士階級和《摩奴法典》的創始人。印度教徒幾乎是逐字逐句地遵循著這個《摩奴法典》。摩奴他創造了印度的階級制度，而這是存在裡最醜陋的一個制度。

因為這個制度，有四分之一的印度人長久以來一直受到奴役、剝削和羞辱。他們幾乎被當成次人類，他們被稱為achhoot（賤民）。他們是如此地低下，以致於你甚至不能碰觸到他們，否則你必須馬上沐浴淨身。甚至連他們的影子碰到你，都足以讓你變得不潔。你可以說摩奴把四分之一的印度教徒變成了永遠的奴隸。

他設法把社會上最高的一個階級留給婆羅門（教士），他非常地聰明而狡猾。他把所有的優越感都給了婆羅門，但是他沒有給予他們財富、物質和世俗的權力。他用來劃分這些階級的方式，讓他們之間不會有任何的衝突。擁有世俗權力的是第二種階級的人：武士，kshatriyas。這些人會成為國王、將軍、戰士和士兵，他們是次高的階級。而擁有金錢的人則是第三個階級的人：商人，vaishyas。第四個階級的人除了奴役以外，一無所有。

你可以看到其中的狡猾……他把人們劃分開來。他沒有把金錢或是世俗的權力交給婆羅門，因為這會讓社會上其他四分之三的人都反對他們，而要控制那些人是不可能的事情。如果婆羅門同時擁有靈性、物質和金錢上的力量，那麼怨恨、憤怒和暴力是一定會出現的，社會上會出現暴動。所以對於婆羅門，他給予他們神聖的力量，他們是最高等的人，最神聖的人，但是他沒有給予他們任何世俗的東西。

他把世俗的力量交給了武士。這讓他們感到滿足，因為他們能夠成為國王；婆羅門是無法成為國王的。而且誰在意靈性的力量呢？所以，讓那些婆羅門去擁有他們靈性的力量吧；那幾乎就像是一無所有一樣，他們擁有的只是虛有其名的優越感而已。所以武士不會因此而感到憤怒。相反的，他們很高興這個社會上有四分之一的人永遠不會和他們產生衝突，因為他們已經是最高等的階級了，再也沒有什麼是他們要追求的了。然後武士是最有力量的一群人。

對於第三個階級，他賦予他們金錢以及其他的世俗之物。這些人沒有辦法戰鬥，他們也不是武士，但是他們可以賺錢，他們可以創造財富。

你會很驚訝的知道，在印度成為一個奴隸國家之前，所有的國王都會向有錢人借錢。不然他們要從哪裡獲得金錢呢？所以他們借錢。他們只能在侵略其他國家之後擁有一些金錢；不然他們只能向那些商人借錢。而那些商人也很高興；他們擁有一切的物質、金錢……不只如此，甚至連國王都要向他們借錢，婆羅門在各方面也需要依賴他們，所以這讓他們相信自己是高人一等的……基本上，這些商人也擁有力量，他們擁有金錢。

面對這三種階級的人，第四種階級的人沒有任何反抗的力量。他們被剝奪了受教育的權力，他們甚至不被允許居住在城市裡；他們只能居住在城市外面。他們無法從城市裡的井裡取水，他們必須自己鑿井，或是從河邊挑水。他們完全被社會排除在外。他們進入城市只是為了服侍其他人，去做那些別人不願意從事的髒污工作。而那三個具有力量的族群則不斷地打壓這些人；因為他們擁有金錢，他們擁有力量，他們擁有高度的靈性品質——他們是神的代言人。

這種狀態持續了五千年，賤民被列為第四等人，他們是奴隸，他們相信自己之所以生來會是奴隸，是因為他們前世的惡行，所以這一世他們遭到懲罰。而婆羅門能夠享有那樣的地位，則是因為他前世的善行。這些階級是固定不變的；沒有人能夠從某個階級變化到另外一個階級。

摩奴之後，印度的教士一直都是反對革命的主要人士，這一點其實很自然，因為革命會讓他們失去所有的優越性。現在，國王會來碰觸他們的腳，商人會來碰觸他們的腳，這讓他們的自我非常滿足。而這種情況全世界到處都是，不論在哪裡，神職人員都一直保有他們的優越性。或許別的地方不像印度一樣有這麼清楚的區分，但是他們仍然有著微妙的區分。教士在任何地方都是優越的，武士在任何地方都屬於第二種階級，有錢的商人在任何地方也都是第三種階級。至於奴隸和僕人，在各個地方也都是同樣的第四個階級。

這些教士不斷地向孩童灌輸某種類型的頭腦，以便這個社會能夠持續地運作，或者說保持原狀。政客和教士之間有個很深的陰謀。政客充滿了對於權力的欲望，但是如果他們想要權力，他們需要獲得教士的祝福，因為教士對於人們有著靈性上的控制。所以如果一個政客去碰觸某一個教士的腳，那麼這個教士的信徒就會投票給這個政客。這是一種陰謀：政客持續地讚揚教士，讚揚他的宗教，他所屬的思想體系，然後這個教士則會不斷地祝福這個政客以及他所屬的意識形態。由於這兩個力量群體的同謀，這整個社會都被吞噬和打壓。

我知道每個人都是有責任的，但不是每個人都有足夠的力量去破除這個循環；因此我不斷地抨擊那些政客和教士。現在，他們開始害怕我。過去他們可能從來不曾害怕過任何一個單獨的個體。但是現在，全世界各個國家都不讓我進入他們的領土。我們需要阻止的是那些在政客背後設下規則和律法的教士。

我們在美國的社區是被政客所摧毀的，但是在那些政客後面的是基督教基本教義派，他們是最為保守的一群基督教教士。雷根他自己就是一個基督教基本教義派的教徒。基督教基本教義派是絕對的保守分子。他們相信聖經上的每一個字都是神聖的，都是來自於神的口中。我們的社區是由政客和基督教基本教義派這兩個團體所摧毀的。

前幾天我收到一個消息，他們最近在奧勒岡設立紀念碑；基督教的主教、一些政客還有其他領袖分子與傑出市民都捐獻了金錢。那是一個很大的紀念碑，用來紀念他們的勝利，他們把創造這個社區的邪惡力量給驅逐出境。在他們把我驅逐出境以及摧毀我的工作之後，他們還不覺得滿足；他們還要設立一個紀念碑讓後代子孫知道這一點。

但是這些教士和政客其實是非常脆弱的；他們的腳下沒有堅實的基礎。只要一場好好的抨擊，他們就完蛋了。而一旦他們完蛋了，這個社會將會品嚐到一種自由的滋味。

我們可以用一種更為人性、沒有制約且更為聰明的方式來養育孩子，把全球視為一體，沒有基督教，沒有印度教，沒有回教，沒有印度人，沒有中國人也沒有美國人的區別。國家和宗教是由教士和政客所創造出來的。一旦他們結束了，宗教和國家也會跟著結束。

而一個沒有國家和宗教的世界，會是一個人性化的世界，其中不會有戰爭，也不會有人為了那些從來沒有人見過的東西而進行不必要的爭戰……

上千年來，人們以神為名而彼此殺戮實在是一件非常愚蠢的事情。他們沒有人見過神，他們沒有人能夠證明神的存在，他們也沒有人有任何的證據。但是他們甚至不曾因此而感到羞愧，因為從來沒有人直視著他們的眼睛，質問他們這樣的問題……他們不斷地掀起十字軍聖戰、回教聖戰和各種宗教戰爭，摧毀那些不相信他們教義的人，只因為他們的教義才是神聖的，其他所有的教義則是惡魔的產物。

他們試著透過殺戮人群來服侍人類。他們的意圖是要讓人類免於惡魔的毒手。但是，很奇怪的是，每個宗教都認為其他宗教是惡魔的產物，所以他們爭戰不停。政客們掀起一個又一個的戰爭，到底是為什麼呢？我看不出這其中有任何意義。這個地球上沒有任何線條，為什麼他們要畫出那些地圖，畫出那些邊界呢？

我有一個老師他非常的聰明。有一天他帶了幾張硬紙板來上課；他把整個世界地圖剪成小塊的紙片，然後他把它們放在桌子上說：「有人能夠上來按照正確的方式把它們排好嗎？」很多人嘗試了，但是他們都失敗了。

只有一個男孩子，他看到其他人都失敗了，都沒有辦法把這個碎片拼成世界地圖，所以他把其中一塊碎片翻過來看。接下來他把所有的碎片都翻過來，然後他在這些碎片後方看到一個人的圖片。所以他把這個人的圖片拼湊在一起，那很容易做到，結果那就是整個拼圖的關鍵。當背面的人形圖片被拼湊起來時，另外一面的世界地圖也被拼湊好了。

或許，對這個真實的世界而言，事情也是一樣的……如果我們能夠把人都安頓好的話，這個世界也就安頓好了。如果我們可以讓人們變得寧靜、平靜而具有愛心的話，那麼國家會消失，戰爭會消失，所有骯髒的政治也會消失。而且你要記得一點，所有的政治都是骯髒的；從來沒有其他形式的政治了。

我們需要敲打那些擁有力量的人。敲打可憐的一般大眾是不會有什麼幫助的，因為他們沒有力量，他們只是受害者。就算我們能夠改變他們，那也不會帶來什麼巨大的改變。但是如果我們能夠廢除宗教和政治、教士和政客之間的同謀，那會帶來一場巨大的改變，一場革命，這是我們唯一需要的一種革命，而它尚未發生。

問題　一個政客真的無法成為宗教人士嗎？或者一個宗教人士真的無法成為政客嗎？因為對我來說，改變的希望似乎取決於那些具有真實智慧的領導人士。

一個政客是絕對不可能具有宗教精神的，因為政治和宗教是截然相反的兩件事情。

你需要了解一點，問題不在於把某些事物加諸在你的人格之上。宗教精神、覺知、靜心，這些都不是某種附加的事物。如果你是政治化的，你可以是一個畫家，你可以是一個詩人，你可以是一個音樂家，這些都是附加的事物。政治和音樂不是截然相反的事物；相反地，音樂可以幫助你成為一個更好的政客。它會讓你放鬆，它會讓你卸下身為一個政客一整天下來所經歷的重擔和焦慮。

但是宗教精神不是某種附加的東西，它和政治是截然相反的向度。所以，你需要先了解政客的真正意思是什麼。

政客是一個病人，一個在心理和靈性上的病人。在身體上，他可能完全沒有問題。通常政客的身體是沒有問題的，他們的所有負擔都在心靈上。你常常可以看到這一點。當一個政客失去權力時，他的健康也跟著消失不見。

這很奇怪……當他掌有權力時，他有許多的負擔、許多的焦慮和緊繃，但是他的身體是完全沒問題的。一旦他失去權力時，他所有的焦慮也跟著消失了，它們現在變成別人的問題了。他的心靈不再背負著重擔，但是隨著重擔的消失，他所有的疾病都來到了身體上。

當一個政客失去權力時，他的身體會開始變得痛苦；不然他們通常相當長壽，他們的身體通常沒有問題。這是因為他們的心靈承擔了所有的疾病，而當一個人的心靈承擔所有疾病時，身體可以沒有負擔地生活。但是當心靈放掉它所有的疾病時，那些疾病會到哪裡去呢？在你的心靈之下是你的肉體，所以疾病會來到你的身體上。一個沒有權力的政客通常很快就會死亡。一個在位的政客可以活得很久。這是眾所皆知的事實，但是其中的原因則不為人所知。

所以你需要了解的第一件事情是：政客是心理上的病人，而當這種心理上的疾病變得過多，而他的心理再也無法承擔時，它會變成是心靈上的疾病。這裡你要小心：當一個政客擁有權力時，他心理上的疾病是注定會擴散到他的靈性上的。因為他緊抓著這些心理上的疾病，不讓它往下掉落。那是他的力量，他認為那是他的寶藏；他不會讓它掉落。

我把它稱為疾病。但是對他而言，那是他的整個自我。他為了它而活；他沒有其他任何的目標了。所以當他掌有權力時，他會緊抓著他的疾病，但是他對於靈性的向度一無所知，所以那些通往靈性向度的門是敞開的。他沒有辦法關上那些門；因為除了自己的頭腦之外，他不知道其他任何的事物。所以當他在位時，如果他心理上的疾病變得過多的話，到了某個程度之後，那些疾病會從他的心理蔓延到他的靈性。而當他失去權力時，他不會再緊抓著所有那些愚蠢的事物。現在他知道那些東西是什麼了，現在他知道那些東西不值得他緊抓不放。而且不論如何，也沒有什麼事情是他能夠緊抓不放的；他失去權力了，他現在只是個無名小卒。

由於這種絕望，他放鬆了。或許我應該說，放鬆自動來到他身上了。現在他可以好好睡覺，他可以早上去散步一會。他可以跟人們閒聊，他可以跟人們下棋，他可以做任何事情。身體上他會發現自己放鬆下來了。過去他一直緊閉著他心理和身體之間的那扇門，現在那扇門開始打開來了，然後接下來他的身體是注定會感到痛苦的。他可能會心臟病發，他可能會有各式各樣的疾病；一切都是可能的。他心理上的疾病現在會來到身體上最為脆弱的部位。當他具有權力時，那些疾病是往上移動的，朝著他的存在，朝著他無所覺知的靈性向度。

而那個疾病是什麼呢？

那個疾病就是自卑情結。

任何一個對權力感興趣的人都飽受自卑情結的折磨。內在深處他覺得自己是沒有價值的，他覺得自己比他人差勁，自己有所不足。當然在許多方面上，每個人都是有所不足的。你不是耶胡迪・曼紐因（Yehudi Menuhin，美國猶太裔小提琴家），但是你不需要因此而覺得差勁，因為你從來不曾試著成為一個曼紐因，而那也不是你需要做的事情。曼紐因也不是你。所以這有任何問題嗎？這有任何衝突嗎？完全沒有。

但是一個政治的頭腦受苦於這種自卑的傷口，而且那些政客還不斷地撕扯著這個傷口。在智性上，他不是愛因斯坦——他拿自己和一個巨人比較——在心理上，他也不是佛洛依德……如果你總是拿自己和那些人類歷史上傑出的人物相比較的話，你是一定會自卑的，你是一定會覺得自己是毫無價值的。

有兩種方式可以去除這種無價值感：一種方式是宗教的方式，另外一種方式則是政治的方式。政治不會真正的去除它，只會掩蓋它。雖然你坐在總統的位子上，但是你還是同樣那個病人，你還是會覺得自己不夠好。光只是坐在總統的位置上，它會為你的內在帶來任何差別嗎？

我和印度前總理慕拉吉・德塞（Morarji Desai）的第一次衝突就是發生在這種情況

下。耆那教有一個偉大的和尚叫做阿闍梨・圖西（Acharya Tulsi）。他對耆那教而言很偉大，但對我而言並不是如此；對我而言，他是你能夠找到最虛偽的一個人了。事實上，我很難拿他跟其他虛偽的人相比較，他會打敗所有其他人。他曾經召集過一個宗教會議；那是他們每年的慶祝，也是他們創始人的生日。當時他們邀請了慕拉吉・德塞，也邀請了我。那裡至少有二十位客人，他們來自印度各地，來自各個不同的宗教，各個不同的思想和意識形態，當然還有超過五萬五千個阿闍梨・圖西的追隨者。

在會議之前，阿闍梨・圖西向那些來賓——那二十位特別來賓——致意。那大概是一九六〇年，在拉加斯坦一個很小又很美的地方，那裡叫做拉加桑謬（Rajsamund）。那裡有一個很美的湖泊，它非常遼闊而巨大，所以那個地方被叫做Rajsamund。在拉加斯坦的語言裡，samund的意思是海洋，而raj的意思是皇家的、高貴的。那座湖泊是那麼地美，所以這個名字非常適合它。那是一片高貴的湖泊，就像是國王一樣。那片湖泊上的波浪幾乎跟海上的波浪是一樣的。它雖然只是一片湖泊，但是你看不到湖泊的對岸。

由於阿闍梨・圖西是邀請我們的主人，所以他在我們各自散開來，和其他五萬五千個人碰面談話之前，他把我們召集聚在一起介紹彼此。但是從一開始麻煩就出現了。

當時的麻煩在於他坐在一個較高的台子上，而所有的來賓則坐在地面上。除了慕拉吉・德塞這個政客以外，所有的其他來賓都沒有問題。慕拉吉是二十個來賓裡唯一的政治人物。來賓裡有的是科學家，像是科塔里(D.S. Kothari)就是印度原子能量委員會的主席，也有人是學校的副校長。這些來賓來自於不同的領域，但是對他們來說，坐在地面上是沒有問題的。

慕拉吉說：「我想開始這場談話。」他就坐在我旁邊。當時我們兩個人都不知道我們就此開始了一段終生的友誼。他說：「我的第一個問題是：你是主人，我們是客人，客人坐在地上而主人坐在高台上，這是哪一種禮儀？如果你是召開一項會議，我可以了解你需要坐在高台上，那樣人們可以看到和聽到你。但是我們這裡只有二十個人，而且現在這也不是什麼會議，只是一些閒聊，在大會開始之前介紹彼此而已。」

當時，阿闍梨・圖西不知道該怎麼辦。如果他是一個真正具有宗教精神的人，他可以很容易地走下高台道歉說：「這真的是我愚蠢的錯誤。」但是他完全沒有移動。相反地，他對他的大弟子穆尼・納撒莫(Muni Nathmal)——也是他後來的繼承人——

說：「你來回答這個問題。」

穆尼・納撒莫更不知道該怎麼辦，也更緊張，因為他能說什麼呢？慕拉吉・德塞是當時印度的財政部長，那也是他們邀請他的原因。因為他們試著要建立一個耆那教大學，而慕拉吉・德塞是其中的重要人物，如果他同意的話，錢就不會有問題。穆尼・納撒莫說：「這不是要冒犯各位來賓，只是在我們的傳統裡，宗教領袖會坐在比較高的位置上。而在這之後馬上就是一場會議，所以這沒有其他任何意思。這沒有污辱任何人的意思。」

慕拉吉不是一個會對這種回答感到滿足的人。他說：「我們不是你的門徒，你也不是我們的領袖。這裡的二十個人也沒有人承認你是他們的師父或領袖。當你和你的門徒、你的學派、你的人在一起時，你可以坐在任何高台上，但是這裡我們是客人。第二，你宣稱自己是一個革命性的聖人，所以為什麼你還要緊抓著傳統呢？為什麼你還要緊抓著這種不文明又缺乏文化的傳統呢？」當時阿闍梨・圖西的其中一項主張是：他是一個革命性的聖人。

這時候納撒莫沉默不語，阿闍梨・圖西也沉默不語，然後所有其他來賓都開始感到有些不自在。這不是什麼好的開始。所以我問慕拉吉說：「雖然這不關我的事，我也毫不在意，但是看到這個情況……你希望我回答你的問題嗎？嗯，這只是一種開始交談的方式，至少我們這次會面不用以一種奇怪的方式結束。」

他說：「我很在意答案。所以你可以回答。」

我對他說：「這裡有幾件事情。首先這裡有十九個人，你不是唯一的一個人。其他所有人都沒有提出這個問題，為什麼只有你提出來呢？我自己就沒有這個問題。」然後我問了其他人：「你們有這個問題嗎？如果沒有的話請舉手。」其他十八個人都舉手了，這表示他們都不覺得這是一個問題。

然後我對慕拉吉說：「你是唯一一個覺得受傷的人。所以你必然有著某個傷口，你必然有某種自卑感——這是一種心理的問題。你自己可以看到這一點，在這裡你跟科塔里博士很熟，因為他是印度原子委員會的主席；你也認識在座的其他傑出人士，沒有人在意這一點。」

我問他：「位置高低到底有什麼關係呢？你看到天花板上的蜘蛛嗎？它比阿闍梨・圖西的位置還要更高。光只是位置高一些，那會讓你因此而變得更偉大嗎？可是某種程度來說，位置的高低讓你覺得受傷。你內在有一個傷口，即使你成為印度的經濟部長都不曾填補那個傷口。你大概還想著有一天要成為印度的首相。」

他非常的生氣。他說：「你說我有心理上的問題？」

我說：「當然，這十八個人為什麼會舉手？他們在支持我，他們在說：『這個人的自我似乎非常脆弱、非常顫抖。』只是一個和尚坐的稍微高了一點，你就受不了了。」

我說：「讓我假設一下，萬一阿闍梨・圖西邀請你和他一起坐在高台上。」我這裡要提醒你們，阿闍梨・圖西並沒有邀請他坐到高台上去。「萬一他邀請了你，你也坐上了高台，你還會替坐在地上的十八個可憐靈魂提出同樣的問題嗎？這個問題還會出現嗎？」

他說：「我從來沒有這樣想過。或許這個問題就不會出現了。因為我經歷過上百場會議，我總是坐在高台上，這種問題從來沒有出現過。」

我說：「這很清楚地顯示，問題不在於為什麼阿闍梨・圖西坐的比你還高。問題在於為什麼你坐的比阿闍梨・圖西還低。你需要改變一下你的問題，你該問的是為什麼你坐的位置比他低，這才是你該問的問題。至少這會比較真實些。現在你是把自己的疾病投射到別人身上。」

「但是或許這裡有人跟你一樣也有著心理上的問題，因為如果是我坐在高台上……首先，如果我是主人，而你們是我的客人，我根本就不會坐在那裡。第二，就算是基於某些意外，我坐在高台上，當你提出這個問題時，我會走下來。然後這就足以回答你的問題了：『沒有問題；這只是我們的傳統而已，而我一時忘記你們是我的客人。因為一年裡我會見客人的次數就這麼一次而已，其他時候跟我會面的都是我的門徒。所以請原諒我，然後讓我們現在開始聊一聊，這才是我們聚在一起的原因。』」

「但是他沒有走下來。他沒有那個膽量。他坐在那裡就像是幾乎要死了一樣，他害怕的不得了，他甚至沒有辦法呼吸。他不知道該怎麼回答你，所以他只好讓他的祕書來回答你。對於你提出的問題，關於他自稱是個革命性的聖人，他也只能夠保持沉默。因為他既沒有革命性的精神，他也不是什麼聖人。所以他要怎麼回答你呢？不過我的重點不在於他，而是在於你。你的頭腦是一個政治性的頭腦，它總是想著高與低、權勢與力量。」

當然，慕拉吉很生氣，而且還生氣了很多年。

自我就是如此地微妙、如此地狡猾。而政客的疾病正是來自於他的自我。

現在，有兩種方式可以去除自我：一種方式是他透過成為總統或總理來掩蓋他的傷口……那可以掩蓋傷口，但是它還會持續在那裡。你可以欺騙全世界，但是你怎麼能夠欺騙你自己呢？你知道它就在那裡，它只是被你掩蓋住了。

這讓我想起一個奇怪的故事。這個故事發生在普拉耶格（Prayag），那是印度教非常神聖的一個地方，那也是三條河流交會的地方。你知道在印度，這整個國家都被人們當成像是一個廁所；你很難區分哪裡是廁所，哪裡不是廁所。不論在哪裡，只要你能夠找到一個地點，那就可以是廁所。

在一個很早的清晨裡，有一個婆羅門，他當時大概是想去洗個澡，但是在那之前，他需要先排便。他當時大概非常的急，他可能剛好肚子痛或是有其他問題，當他正走到ghat。Ghat的意思是指一塊特別鋪過的地面，通常人們會把他們的衣物放在這種鋪過的地面上，然後再去河裡洗澡。通常你不會在一個特別鋪過的地面上排便，那是不被允許的；雖然沒有人會阻止你，但是那是一種約定俗成的習慣，那是人們放衣服的地方。

但是，當時這個人一定碰上了麻煩，我可以了解他，我一點也不懷疑他的意圖……我從不懷疑人們的意圖。他在那裡排便了，而就在他剛結束時，他看到人們走過來了。所以他把之前帶在身上要用來當作獻禮的花掩蓋在他的糞便上。除此之外，他還能怎麼辦呢？

人們走到他身旁問他說：「這是什麼？」

他說：「這是濕婆的陽具（shiva-linga。註：shiva代表的是濕婆這個神祇，linga代表的是濕婆的男性生殖器。shiva-linga代表的是生殖和繁衍的能力），我正在膜拜它。」然後他開始膜拜它。因為有一個婆羅門在那裡祭拜著，所以其他人也開始把他們帶來的花放在上面，結果一個shivalinga的祭壇就出現了！它被認為是印度的一個偉大奇蹟──不論何時，只要有任何雕像出現，就會有這種現象，如果你想要在某個地方創造奇蹟的話，這是最簡單的一種方式。因為其他人開始膜拜並且誦唱起咒語，所以那個婆羅門當然也只能繼續膜拜……他的感覺其實很糟糕。因為他不只是污染了這個地方，他還說了謊。而一個謊言引發出另外一個謊言，現在他能怎麼辦呢？他之前膜拜它，現在別人也開始膜拜它了！

但是你自己怎麼能夠忘記呢？有任何方式能夠讓這個人忘記那些掩蓋在花朵底下的

東西嗎？

這同樣的情況也發生在政客身上——只不過他們掩蓋的是膿、傷口、自卑和無價值感。沒錯，他的位置越來越高，每當他爬上更高一級的階梯時，他總是希望他的傷口能夠在這個階梯上獲得療癒。

自卑創造出野心，因為野心指的就是一個人「努力證明自己的優秀」。除了這個意思以外，沒有其他的意思了。但是除非你受苦於自卑情結，否則你為什麼要努力證明自己的優秀呢？

我這一生從來不曾投票過。我的兩個叔叔都曾經為了印度的自由而奮鬥過，他們兩個人都曾經因此而入獄。由於他們被逮捕入獄，所以兩個人都不曾完成學業。其中一個人是在他要畢業之前被逮捕的，因為當時他與人共謀破壞一輛火車。他們製造了一個炸藥，而他是化學系的學生，所以他從化學實驗室裡拿了所需的材料來製造炸藥。當時他是在畢業考之前被捕的，就差十天而已。然後他的學業就完了，因為當他三年之後回來要重新開始已經太晚了。

後來他去經商。另一個較為年長的叔叔被捕時正是他即將拿到文學士的最後一年，他被捕是因為他參加了一個反政府的團體。我的家人都曾經參與過某些政治活動，除了我父親以外。所以他們都問過我：「你為什麼不去登記競選呢？你為什麼從不投票呢？你為什麼要浪費你的能量？如果你從政的話，你可以成為這個國家的總統，你可以成為這個國家的首相。」

我說：「你完全忘記你是在和誰說話了。我沒有任何自卑感，所以我為什麼會想要成為總統呢？我為什麼要浪費自己的生命成為這個國家的總統呢？那就好像我沒有癌症，但是你卻要我動手術切除癌症一樣，這實在很奇怪。我為什麼要動這種不必要的手術？你有一些自卑情結，但是你卻把你的自卑情結投射在我身上。我現在的樣子就已經很好了。我為現在的我感謝這整個存在。今天不論發生什麼樣的事情，那對我來說都很好。我不會要求的更多了，所以沒有什麼事情會讓我感到失望。」

他們說：「你在說什麼奇怪的話。這個自卑情結是什麼？它跟政治又有什麼關係？」

我說：「你不了解這種簡單的心理學，而你那些所謂的偉大政治人物也不了解這一點。」世界上所有那些高高在上的政治人物都是一群病人，他們的方式就是持續掩蓋自己的傷口。沒錯，他們可以騙過別人。當卡特微笑時，你會受騙，但是他怎麼能夠騙過他自己呢？他知道那只是一種唇部運動而已。那個微笑裡沒有任何東西，也沒有任何笑意。

當人們到達階梯上最高的一階時，他們會開始意識到自己其實浪費了整個人生。他們達成了目標，但是接下來呢？他們已經到達了他們一直奮鬥的地位，而且那還不是什麼小小的奮鬥；那是非常艱辛的鬥爭，許多人因此而被摧毀，許多人成為他們的工具，成為他們的踏腳石。現在你已經來到階梯最高的一層，但是你得到了些什麼呢？你只是耗費你的整個人生罷了。

這時候要接受這一點需要莫大的勇氣。所以你最好還是繼續微笑，繼續保持這個幻象，這麼一來至少別人會相信你是偉大的。但是你知道自己是誰。你知道自己和從前的你沒有什麼差別，或許還更糟糕一些；因為那些鬥爭、那些暴力讓你變得更糟糕。你失去了自己人性的那一面。你不再是一個靈魂。它已經距離你非常遙遠。葛吉夫常常說不是每個人都擁有一個靈魂，就是基於這樣一個簡單的理由……現在，這句話變成了事實。不過葛吉夫說的是：「不是每個人都擁有一個靈魂，只有少數那些發現自己存在的人才擁有靈魂，他們擁有靈魂。至於其他人，他們只是生活在一個幻象裡，因為所有的經典、所有的宗教都告訴你：你生來就有一個靈魂。」

葛吉夫非常的嚴厲。他說：「那都是胡扯。你並非生來就擁有一個靈魂。你需要為它付出代價，你需要值得擁有它。」我可以了解他的意思，雖然我並沒有說：你生來沒有靈魂。

你生來是有一個靈魂的，但是那個靈魂還只是一個潛能。而不論葛吉夫說的是什麼，那其實是同一個意思。你需要讓這個潛能成為事實。你需要為它付出代價。你需要讓自己值得擁有它。

那些政客只會在人生消耗殆盡時才會了解這一點。這時候他不是承認這一點，就是……但是承認似乎是很愚蠢的一件事，因為這麼一來他等於承認自己的整個人生是愚蠢的。

傷口不會透過掩蓋而療癒。

宗教精神、靜心是療癒傷口的方式。靜心meditation這個字眼和醫療medicine這個字眼擁有相同的字根。只是醫療是針對身體的。而就像醫療是針對身體，靜心則是針對靈魂。靜心是具有醫療性的，它是一種療癒的方式。

你問我，政客能夠具有宗教精神嗎？

身為一個政客，這是不可能的。除非他放掉政治。如果他不再是一個政治人物的話，他可以變得具有宗教精神。所以我並沒有阻止政客變得具有宗教精神。我所說的是：一個政客是無法具有宗教精神的，因為那是兩個完全不同的向度。

你要不是掩蓋你的傷口，你就是去治療它。你沒有辦法同時進行這兩件事情。如果你要治療它，那麼你需要把傷口呈現出來，不去掩蓋它。你需要把它暴露出來、知道它、深入其中、感受它帶來的痛苦。

對我來說，這才是「苦修（austerity）」的意思，苦修指的不是你站在大太陽底下，或是讓自己挨餓，或是站在寒風裡、河水裡好幾天；這不是療癒自己的方式。那些一無所知的人會給你各式各樣的意見：「做這件事情，然後你會獲得療癒。」但是，問題不在於你做些什麼。問題在於你需要探索你自己的整個存在，不帶成見、毫無譴責地探索自己，因為在探索的過程裡，你會發現許多人們所謂不好與邪惡的事情。所以不要退縮，讓它們就是在那裡。而你不譴責它們，也不批判它們。

你需要開始這種探索。你就只是注意到有些東西在那裡，注意它，然後繼續探索。你不譴責它，你不給它一個名稱。你不帶入任何成見去反對它或支持它。因為那只會讓你內在的世界馬上關閉起來，然後因此而變得緊繃。你看到一些邪惡的部分？你來到內在，你看到有些東西在那裡，接下來你開始害怕那是邪惡的、貪婪的、情慾的、憤怒的、嫉妒的……然後你對自己說：「我的老天啊！所有這些東西居然都在我的內在！我最好還是不要往內的好。」

這就是為什麼人們不願意往內的原因。

他們終其一生就只是坐在自己房子外面的階梯上。他們一輩子都住在門口。那是一種門外的人生！他們從來不曾打開自己房子的大門。而那間房子有著許多的房間，它其實是一座宮殿。如果你進去的話，你會碰到許多別人告訴你是錯誤的事情。但是你其實不知道那是否是錯誤的，你頂多只能說：「我是一個無知的人。我不知道在這裡的你是誰。我只是一個進來探索、研究的人。」而一個研究員不需要擔憂任何關於好壞對錯的問題，他只需要不斷地觀看與觀察。

然後你會因為一些奇特的經驗而感到驚訝：那些你一直認為的愛，它的背後隱藏著恨。你讓自己就只是注意到這一點……

你到目前為止所認為的謙虛，它的後面隱藏著你的自我。然後你就只是看著這一點……

如果有人問我：「你是個謙虛的人嗎？」我沒有辦法說我是，因為我知道謙虛只是自我把自己反轉過來。我不是自我，所以我怎麼能夠謙虛呢？你了解我的意思嗎？當自我不存在的時候，謙虛是不可能的事情。如果你能夠同時看到這兩者，那麼一件非常奇怪的事情會發生，那就像是我曾經告訴過你：當你發現你的愛與恨是一體的，你的謙虛和自我也是一體的，這時候，它們會就此蒸發而消失。

你沒有做任何事情。你就只是看到了它們的祕密。這個祕密讓它們持續存在於你的內在。現在，當你看到這個祕密時，它們就再也沒有地方可以躲藏了。所以你就是一次又一次的往內探索，然後你會發現自己內在的東西變得越來越少。那些累積在你內在的東西會枯萎消失，那些群眾會離去。很快地你被單獨地留下來，不再有任何其他人。那時候你手裡只有空無。然後突然間你會發現自己被療癒了。

不要比較！因為你就是你，而他人就是他人。我為什麼要拿自己去和曼紐因或是畢卡索做比較呢？我看不出來這有任何必要性。他們做他們的事情，我做我自己的事情。他們享受他們自己的事情……嗯，也許他們是享受的，我無法確定他們的狀況，我只能確定我自己的狀態，不論如何，我享受自己的作為和無為。

我之所以會說我沒有辦法確定他們是否享受，那是因為畢卡索並不快樂，事實上他非常的不快樂。他的畫在很多向度上都顯示出他內在的痛苦，他把那些痛苦呈現在畫布上。為什麼畢卡索會成為當代最有名的畫家呢？原因就在於這個時代的人是最清楚自己內在痛苦的一群人。

沒有人會把畢卡索當成是五百年前的畫家。因為五百年前的人只會嘲笑他，他們會把他丟進精神病院。而五百年前的精神病院可不是什麼好地方。當時的精神病院會做各樣奇怪的事情，他們甚至會毆打病患，因為他們認為瘋狂是可以透過毆打而消失的。當時人們認為瘋狂是一種被惡靈附身的現象。他們以為每天一頓毆打，可以讓瘋狂消失離去。

而三百年前他們會抽取精神病患的血液，讓他感到虛弱。因為他們認為病患的能量被某種惡靈所佔據，病患的血液就是惡靈的糧食，如果你把病患的能量抽取出來，當它無法得到任何糧食時，惡靈就會離開。這對他們而言是合乎邏輯的，所以他們用這樣方式對待當時的病患。

當時的人不會把畢卡索的畫當成是一種藝術。只有二十世紀的人才會認為畢卡索是一個偉大的畫家。因為現代人是痛苦的，他們對於痛苦以及內在的苦悶有著較多的覺知，而畢卡索更是透過顏料把痛苦呈現在畫布上。

對於那些你甚至無法透過言語所描述的感受，畢卡索已經透過顏料呈現在畫布上了。你不了解那是什麼，但是某種程度來說，你感受到一種深沉的救贖。它有一種吸引力，它與你內在的某些部分有所呼應。那不是一種理智上的現象，因為你沒有辦法理解那是什麼，但是你會一直在那裡觀賞著、觀看著，就好像它是一面鏡子，而你內在的某些事物、某些臟腑就呈現在那裡。畢卡索的繪畫會成為本世紀最偉大的繪畫，那是因為他的畫幾乎就像是一種X光一樣。它呈現出你的痛苦。那就是為什麼我說我不確定他是否是享受的。關於其他人，我無法確定。

我只能確定我自己的事情。我知道，如果你能夠不帶著任何譴責、欣賞與思考，就像是觀察事實一樣地探索你的內在世界，它們遲早會開始消失。然後有一天，你會被單獨地留下來，你內在的群眾會消失離開，而在那個片刻裡，你會第一次經驗到什麼是心靈上的療癒。

透過這種心靈上的療癒，你通往靈性療癒的大門會開始敞開。

你不需要敞開那道門，它會自行敞開。你唯一需要的就是來到你心靈的中心，然後那道門會向你敞開。事實上，它一直在那裡等待著你，或許已經等待了許多世。當你到達那裡的時候，那道門會馬上向你敞開，透過那道門，你不只會看到自己，你還會看到這整個存在，這整個宇宙，還有其中所有的星辰。

因此我可以清楚而絕對地說：沒有任何一個政客能夠變得具有宗教精神，除非他放掉政治。但是這麼一來，他也就不再是一個政客，而我所說的這些事情也就與他無關了。

你也問到，一個具有宗教精神的人會成為一個政客嗎？這一點的可能性甚至比前者還更小，因為一個具有宗教精神的人完全沒有成為政客的理由。因為如果自卑是驅動你野心的動力，那麼一個具有宗教精神的人要如何成為一個政客呢？他內在沒有任何驅動的力量。但是，過去偶爾曾經有過這樣的例子，而未來或許也會有這種情況，所以還是讓我跟你說明一下。

在過去，曾經有過少數具有宗教精神的人成為政治人士，那是因為當時的世界是君主政權。偶爾會有某個國王的兒子是一個詩人。現在，要讓一個詩人成為美國總統是很困難的一件事；因為誰會去聽從一個詩人呢？人們只會認為他瘋了，而且他看起來會像是一個嬉皮。他甚至無法讓自己是有條理的，他又怎麼能夠讓這整個世界變得有條理呢？

但是由於過去的君主政權，這種事情是可能的。印度的最後一個國王，也是英國政府接管前的那一個國王叫做巴哈杜爾沙・扎法（Bahadurshah Zafar），他是一個詩人，一個傑出的巫爾都語詩人——這就是為什麼當時英國能夠接管印度。在現代，一個詩人是不可能成為國王的；但是當時，他碰巧誕生成為國王的兒子。

甚至當敵人的軍隊進入首都時，他都還在寫詩。當時他的首相敲門對他說：「現在情況非常危急了……因為敵人已經進入首都了。」而巴哈杜爾沙說：「不要吵我。我正在寫這首詩的最後四行。我想我應該能夠在他們到達這裡之前完成這首詩。不要吵我。」然後他繼續書寫，他完成了他的詩。寫詩這件事情對他來說比較重要。

而他是一個非常單純的好人；在他走出來之後，他說：「你們為什麼要進行這些無意義的殺戮呢？如果你們想要這個國家，就是拿去，不需要製造這些騷動。我過去一直背負著所有的焦慮，現在那都是你們的了。再也不要來打擾我。」

但是他們不會讓他安寧的，因為他所面對的是一群政客和將軍。他們認為把這個人留在新德里是危險的……他很可能會聚集他的軍隊，他可能有很多的資源，誰知道情況會怎麼樣。所以他們把他從印度帶到緬甸；最後他是在仰光過世的。他的最後一首詩是他在病床上寫的，他說：「我是多麼地可悲啊，我甚至無法在我鍾愛的街道上擁有六呎之地。」他所描述的是他所鍾愛的新德里，那是他所創造出來的城市；由於他是一個詩人，所以他把那座城市建構得非常美麗。他說：「我甚至無法在我鍾愛的街道上擁有六呎的埋藏之地。扎法，你是多麼地不幸啊！」扎法是他作為詩人的名字。「扎法，你是多麼地不幸啊！」

巴哈杜爾沙・扎法是在仰光下葬的；那些人甚至不願意把他的遺體送回新德里。他曾經堅持過：「至少在我死亡之後，你們可以把我的身體帶回到我的城市、我的國度裡。一個已死的身體是沒有危險的。」但是那些政客和將軍有著不同的看法。因為巴哈杜爾沙是一個為人民所景仰的國王。看到他的死亡……當地的人民可能會產生暴動，那可能會製造一些麻煩，所以為什麼要給自己找麻煩呢？讓他在仰光下葬，那麼幾年之內都不會有任何人知道他已經過世了。

在古老的君權時代，西半球曾經有過一個像是馬爾庫斯・奧理略・安東尼・奧古斯都（Marcus Aurelius Antoninus Augustus）這樣的一個君主。他是一個具有宗教精神的人，但是那是一個意外。他不可能成為今日的總統或是首相，因為他不會去要求人們投票給他；他不會去乞求的，因為那有什麼意義呢？

在印度，這種情況出現過幾次。阿育王（Ashoka）是印度最偉大的國王之一，他是一個具有宗教精神的人。他是如此地富有宗教精神，以致於當他的兒子——他唯一的兒子，也是他的繼承人——希望能夠出家成為和尚時，他開始跳起舞來！他說：「我一直在等待著，有一天你會明瞭到這一點。」而他的女兒，他唯一的女兒——他只有兩個孩子，一個兒子和一個女兒……當他的女兒，僧伽蜜多（Sanghamitra），對他說她也想要進入靜心的世界時，他說：「去吧！這是我衷心喜悅的事情！」但是，現在這是不可能的事情。

在印度，有一個偉大的國王叫普魯斯（Porus），他對抗過亞歷山大的入侵。而你會很驚訝的發現西方的書籍對於普魯斯的描述非常的不公平，因為事實上，在普魯斯面前，亞歷山大大帝變得跟侏儒一樣。

當亞歷山大到達印度時，他用了一個詭計──他是一個政客。那是一個特別的日子，亞歷山大讓他的妻子和普魯斯在那一天碰面。那一天在印度被稱為姊妹日，那是女性在她的兄弟手腕綁上一條細繩的日子。你可能是那個女性真正的兄弟，你也可能不是，但是當她在你的手腕上綁上一條細繩時，你就成了她的兄弟。而且那是一個雙向的誓約，身為兄弟的那一方會說：「我會保護你。」身為姊妹的那一方則會說：「我會為你的保護而祈禱。」

在這個特別的一天，亞歷山大把他的妻子送到普魯斯那裡。他自己則待在普魯斯王國的外面。普魯斯王國的邊界有一條河；所以亞歷山大待在河的這一邊，然後把他的妻子送到河的另一邊。當普魯斯的宮廷裡響起「亞歷山大的妻子想要和你碰面」的聲音時，普魯斯出來迎接她，因為在印度有這樣的一項傳統。即使敵人來到你的家門，他都是你的客人，而客人就像是神一樣。

所以普魯斯把亞歷山大的妻子帶入宮殿裡，讓她坐在寶座上，他對她說：「你可以事先通知我。你不需要大老遠的過來這一趟。」

她說：「我來認你為我的兄弟。我沒有任何兄弟，而我聽說今天是姊妹日；所以我無法抗拒這一點。」那其實只是一個政治遊戲！而普魯斯知道亞歷山大和他的妻子都知道這樣一個日子，他也知道為什麼亞歷山大會在這一天讓他的妻子來拜訪他……但是他說：「完全沒錯。如果你沒有兄弟的話，我就是你的兄弟。」她帶來了一根細繩；所以她把細繩綁在普魯斯的手腕上，然後他碰觸她的腳。身為兄弟的人必須去碰觸姊妹的腳；不論她是姊姊還是妹妹。這的儀式裡有著對於女性的莫大敬意，而在這同時，印度又對女人極為嚴苛。或許這些嚴苛是由和尚以及教士所創造出來的，而這種敬意則是由那些具有宗教精神的人所創造出來的。

在那之後，亞歷山大的妻子馬上說：「現在，你是我的兄弟，我希望你會拯救我，而拯救我的唯一方式就是不要殺了亞歷山大。你不會希望你的姊妹當一輩子的寡婦吧？」

普魯斯說：「這是毫無疑問的事情。你甚至不需要提出這一點，這是確定的。不會有人傷害亞歷山大的，現在我們是兄弟姊妹了。」

然後……隔天亞歷山大進攻了。當戰爭進行到某個片刻時，普魯斯殺掉了亞歷山大的馬，他從馬上掉了下來，當時普魯斯正坐在他的大象上。在印度，大象才是真正屬於戰士的動物，而不是馬。當那匹大象正要把它的腳踩在亞歷山大身上——這會殺了亞歷山大。出於習慣，普魯斯也拿出他的矛要殺掉亞歷山大時，他看到自己手腕上的細繩。他把矛收了回來，並且告訴那個引導他的大象的馭象人說：「離開這裡……告訴亞歷山大，我不會殺他。」

原本亞歷山大會在那時候死亡，這麼一來，他整個征服世界的欲望也會跟著結束；歷史會變得全然不同。但是普魯斯是一個具有宗教精神的人，他有著不同的精神。他寧願戰敗，也不願意妥協自己的原則。所以他戰敗了——他錯過了他的機會。

然後普魯斯被帶到亞歷山大的宮殿上，那是一個臨時宮殿，普魯斯的手腳上都綁著鐵鍊。但是他行走的方式……甚至連亞歷山大都對他說：「即使你的手腳上有著鐵鍊，但是你行走的方式仍然像是一個國王。」

普魯斯說：「這就是我行走的方式。它跟我是個國王還是囚犯沒有任何關係；這是我行走的方式。這就是我。」

亞歷山大問他：「你希望我們如何對待你？」

普魯斯說：「這是什麼問題！一個國王就應該像是國王一樣地被對待。多麼愚蠢的一個問題。」

亞歷山大在他的備忘錄裡寫著：「我從來不曾遇到一個像普魯斯一樣的男人。他被鎖鍊束縛著、囚禁著，我可以在那裡馬上殺掉他，但是他行走的方式，他說話的方式……」那讓亞歷山大留下深刻的印象。他說：「拿掉他的鐵鍊；他不論在哪裡，他都會是一個國王。把他的王國還給他。」他對普魯斯說：「但是在我們離開之前，我要問你一個問題。當你有機會殺掉我的時候，你為什麼收回你的矛？只要再一秒鐘，我就結束了，再不然你的大象也會把我踩死，但是你制止了牠。為什麼？」

普魯斯說：「不要問我這個問題。你自己知道的；你是一名政客，但是我不是。這條細繩，你認出這條細繩嗎？你讓你的妻子帶來這條細繩；現在她是我的姊妹，我不能殺掉我姊妹的先生。我不能讓她成為一個寡婦。所以我寧願選擇戰敗，也不會殺掉你。

但是你不需要因此而覺得有所虧欠；這只是一個真正歸於中心的人應有的行為。」

在過去君主政權的時代，這種情況是可能的。但是現在透過民主政治，即使笨蛋也能夠變成總統，瘋子也可以成為總理，所有一切都變得是可能的。我並不是支持君主政權，我只是說透過君主政權，偶爾會有幾個具有宗教精神的人成為國王。

未來，民主政治無法持續太久的，因為政客在科學家面前是無知的，他們在科學家的掌握裡。未來是屬於科學家的，而不是屬於政客的。這意味著我們會需要改變「民主政治（democracy）」這個字眼。這裡我有一個新的字眼可用，那就是「賢能政治（meritocracy）」

到時候，能力（merit）才會是決定的因素。你再也無法透過承諾和希望來獲得選票，而是需要透過你的能力和功績，你在科學領域上的真實力量會決定一切。而一旦政府來到科學家的手中時，所有一切都會變成是可能的。

我把科學稱為「客觀的宗教」，然後把宗教稱為「主觀的科學」。一旦政府來到科學的掌握裡，這個世界上的地圖會變得不再一樣，因為這個國家的科學家和另外一個國家的科學家有什麼好爭戰的呢？他們都在同一個項目上進行研究；如果他們一起進行的話，他們的進展會變得更為快速。現在的狀況其實非常的愚蠢，世界各地不同的國家都重複著同樣的實驗；那實在是令人難以相信的一件事情。如果這些人全都一起工作的話，他們可以創造出奇蹟。把他們分散開來，那只是讓研究變得更為昂貴。

舉例而言，如果愛因斯坦沒有從德國逃離的話，那麼誰會是第二次世界大戰的贏家呢？你認為美國、英國和蘇聯會贏得第二次世界大戰嗎？不會，光只是愛因斯坦一個人逃離德國，就改變了歷史。而所有這些虛偽的名字，什麼羅斯福、邱吉爾、史達林、希特勒，他們根本沒有任何意義。那個完成這整件事情的人是因為他創造出了原子彈。他寫了一封信給羅斯福：「我已經完成了原子彈，而除非你使用它，否則這場戰爭是無法結束的。」

他後來終其一生對這件事情感到無比的遺憾，但是那是另外一回事。重點是原子彈被啟用了，經由杜魯門總統的核准，當原子彈被啟用的那一刻起，日本就再也無法繼續戰爭了。戰爭獲勝了，廣島和長崎的起火終止了第二次世界大戰。當愛因斯坦還在德國的時候，他也進行著同樣的研究。所以他其實可以寫信到另外一個地址，與其寫信給羅斯福，他可以寫信給希特勒，那麼整個歷史會改寫，整個歷史會變得截然不同。

未來掌握在科學家手裡。這一天的到來不會太遠。現在，這個世界上有了核子武器，然後沒有任何一個政客可以保持他高高在上的姿態。因為他們對於它一無所知，他們甚至沒有初淺的知識。

據說當愛因斯坦還在世的時候，全世界只有十二個人了解他的相對論。這十二個人裡面有一個人就是羅素，他為那些無法了解相對論的人寫了一本小小的書籍叫做《相對論入門》（*ABC of Relativity*）他認為人們至少可以了解這些相對論裡最基本的部分，但是即使如此，那都是不可能的，因為如果你能夠了解ABC，那麼所有的字母對你而言都會是簡單的。問題不在於了解ABC；然後接下來你再學習關於XYZ的事情。真正的問題在於了解ABC。

並不是所有的政治人物都是一無所知的。遲早那些具有能力的人會掌握這個世界。一開始這個世界會先來到科學家的手裡。這是你幾乎可以預料的一件事，這個世界遲早會掌握在科學家的手裡。在那之後一個全新的向度會因此而開展。

然後這些科學家遲早會邀請那些智慧而賢能的人來進行管理工作，因為科學家無法只靠自己的力量來管理這個世界。科學家沒有辦法管理他自己。他可以管理所有其他事情，但是他無法管理他自己。愛因斯坦或許了解這個宇宙裡的星辰，但是他對於自己的中心一無所知。

未來會有這樣的情況：世界會從政客的手裡來到科學家的手裡，再從科學家的手裡來到具有宗教精神的人的手裡，然後那會是一個全然不同的世界。那些具有宗教精神的人不會要求你投票給他們；你需要自己去邀請他們。你需要自己去請求他們。如果他們覺得你的邀請是真誠的，如果他們覺得那是必要的，他們會在這個世界上有所行動的。但是記得一點，他的行動完全不會是政治化的。

所以，讓我再重複一次，政客只有在他放掉政治之後，他才能夠變得具有宗教精神；否則，那是不可能的。

只有當政治的性質徹底改變時，具有宗教精神的人才可能會成為政治裡的一部分，否則一個具有宗教精神的人無法待在政治裡。他沒有辦法當一個政客。

根據目前事情的變化，有一件事情是確定的，那就是這個世界遲早會來到科學家的手裡，然後接下來，這個世界會從科學家的手裡來到神祕家的手裡。只有當這個世界來到神祕家的手裡時，你才能夠安全地當你自己。

這個世界才能夠成為一個天堂。

事實上，除非我們在這裡創造一個天堂，沒有其他的天堂可言。

第 4 章

改變的挑戰

一個真正聰慧的人不會緊抓著任何思想形態，因為那有什麼意義呢？他也不會攜帶一堆現成的答案。他知道自己擁有足夠的聰慧，所以不論出現什麼樣的情況，他都能夠有所回應。你為什麼要背負著一堆來自於過去的包袱呢？那有什麼必要嗎？事實上，你越是背負著過去的包袱，你越是無法回應這個當下，因為這個當下不是過去的重複，它永遠是新鮮的，它永遠是鮮活的。它從來都不是老舊的；它可能有時候看起來跟過去有些類似，但是它不是老舊的，它們在本質上是不同的。生命從來不會重複它自己。它永遠是新鮮、鮮活的，它永遠都在成長中，它永遠都在探索中，它永遠朝著新的冒險而移動。你老舊現成的答案不會為你帶來任何幫助。事實上，它們只會阻礙你；它們讓你看不到新的情境。

問題　在這個不確定的時期裡，似乎人們身上最好和最差的部分都開始呈現出來。請你就這一點做一些說明？

沒有什麼所謂「不確定的時期」，因為時間一直都是不確定的。這一點對頭腦來說非常困難，因為頭腦想要確定，但是時間一直都不確定。

所以在一些機緣巧合下，當頭腦找到一個小小的確定空間時，它會覺得安定。然後一種幻象般的永恆會圍繞在它的周圍。然後頭腦會輕易地忘掉存在和生命的真實本質，開始生活在夢想的世界裡；它會開始將表象誤認為真實。對頭腦而言，它覺得這樣很好，因為它一直都害怕改變，而它害怕的理由很簡單：誰知道改變會帶來什麼呢？誰知道結果是好還是壞？而且有一件事是可以確定的，那就是改變會攪亂你幻想、期望和夢想的世界。

頭腦就像是一個在海邊玩耍的孩子，它用沙子建造城堡。有那麼短短的一刻，那個城堡似乎是完成了，但是它是由易變的沙子所建造的。任何時候，只要一陣微風，它就會破碎四散。但是我們開始生活在這個夢想的城堡裡。我們開始覺得自己已經找到了某種能夠永恆持有的東西。但是時間不斷地打擾著頭腦。這看起來很殘酷，但是事實上，這種不斷的提醒是一種來自存在的慈悲。它不讓你把表象當成真實。它不會給你任何機會，錯把面具當成你真實的面貌、你最初始的臉孔。

所以每當時間衝擊到你所珍惜的幻象時，那感覺起來就像是它帶出了人們生命裡最好和最糟的部分。但是它只是呈現了那些隱藏在永恆假象與夢想背後的事物，只是之前的你始終理所當然地把它視為真實。現在，時間拿走了你的面具。它跟好或壞、較好或較差沒有任何關係，它純粹只是拿走了你的面具。它把你暴露出來，讓你看到自己的臉孔，讓所有那些被壓抑的事物開始浮現上來。那可能是你最糟的一面，它也可能是你最好的一面。

時間和這些好壞類別沒有任何關係。它只是讓你壓抑的部分得以浮現出來，它把你帶到自己的面前。

大部分的人所隱藏的往往是他們最糟的部分。你很少會發現人們把自己最好的部分隱藏起來。因為他為什麼要隱藏自己最好的部分呢？人們甚至會用最好的顏色來表現自己，偽裝自己；所以他們為什麼要隱藏自己最好的部分？人們只會隱藏自己最糟的部分，因為他們認為那是醜陋的。然而當改變來臨時，你的面具滑脫了。當變化出現時，你突然間發現自己是赤裸的。你失去了自己的衣服，而整個現實成為一個鏡子：不論從哪個角度來看，你都是赤裸的，你的赤裸被映照出來。

是的，在某些非常罕見、非常例外的情況下，人們身上最好的部分會呈現出來。但是這只會發生在那些沒有任何面具的人身上，發生在那些已經是赤裸的人身上，因為他們已經接受自己的赤裸是美好而自然的。所以改變無法摧毀他們身上的任何事物；相反地，改變會強化這些部分。改變會照亮這些我們自己和他人都已經遺忘的部分，那些我們視為理所當然的部分。

所以，只有在極為少數的人身上，這些最好的部分會呈現出來，而這是因為這些人一直天真地生活著，毫無偽裝地生活著，他們清楚地知道沒有什麼事情是確定的，也沒有什麼事情是永恆的。他們知道對於「確定」和「永恆」的期待，只會為自己帶來挫折，期待會種下失望、苦惱和焦慮的種子。但是，如果你接受改變是真實自然裡的一部分，此刻所有的一切遲早都會改變；如果你能夠在每個當下裡知道這一點，知道下一個片刻或許就會帶來全新的事物，而不論這些事物當下是多麼地真實，它遲早也會像雲朵一樣地消失，瞬息即逝。如果你擁有這樣一份覺知的話，那麼改變不會成為你的困擾，你會能夠接受每一個變化。

你不抗拒它；你不會希望事情有所不同。甚至即使它帶走了你還有你美好的夢想、你所珍惜的欲望以及你建造到一半的城堡，你都不會因此而感到挫折。因為你從一開始就接受了：改變可能隨時都會發生。所以，你和真實之間沒有衝突，你不會挫折。你是自在的。

因此，我會說沒有所謂困難的時期，沒有所謂不確定的時刻。時間在改變，它一直在變化著。是我們一直試著製造永恆不變的事物。但是當我們與時間對抗時，我們是一定會失敗的，我們是一定會感到困惑的。然後當我們失敗時，很自然地我們會憤怒，我們會對存在感到挫折，我們會失去信任。因為那感覺起來就像是所有一切都在反對我們一樣，然後我們會開始生活在恐懼、恐慌裡，一種靈性上的顫抖會開始進入我們的存在。這種情況之所以會發生，是因為我們一直期待著某些不可能發生的事情。

存在不需要滿足我們的期望。這時候，我們身上最糟的部分會開始出現，因為我們一直把它隱藏在永恆這個概念的後面。然後我們生活在這個概念裡，我們認為這種情況會永遠的持續下去；我們不需要改變。然後突然間，我們腳底下的大地消失了，很自然地，我們身上那些最糟的部分開始出現了。

也可能會出現你身上那些最好的部分，但是只有當你和諧地與生命、存在同步，毫無所求時，那些最好的部分才會出現。然而我們一直都在索求著。如果我們毫無所求的話，我們不會有任何挫折和憤怒。

比如說現在許多和我在一起的人對生命感到極度的挫折，因為他們曾經非常辛苦地工作過，他們把所有的能量都投注在創造一個美好的夢想裡，然後當他們幾乎就要完成的時候——就在最後即將完成的時刻——突然間所有一切都消失了。他們憤怒、唾棄、反對這整個存在，但是這純粹是我們自己的作為。我不感到挫折，我甚至不曾回顧一秒鐘。我們曾經經歷過的那些年非常美好，我們曾經美好地生活過，然而存在的本質是：一切都會改變。所以我們能怎麼辦呢？就算我們試著創造其他的事物，但是那遲早也會改變的。沒有什麼會是永恆的。除了改變之外，所有一切都會改變。

所以我沒有任何抱怨。我甚至不曾有任何一刻認為事情出錯了……因為就算所有一切都出錯了，對我而言也沒有任何事情是錯誤的。那就像是我們試圖用紙牌建造一個美麗的城堡一樣。你沒有意識到自己的城堡是用紙牌所建造的，然後當你正要結束時，一陣微風吹來，這個城堡破裂了。大概除了我以外，所有其他人都感到挫折。而且他們還對我感到憤怒，因為我一點不覺得挫折，我沒有和他們站在一起。這一點讓他們更為憤怒。如果我生氣，我抱怨，如果我也深受打擾的話，他們會稍微覺得安慰一些。但是我不是。

我們享受當時我們所做的事情，我們還會繼續享受我們所做的所有事情，而事情仍然會持續不斷地變化。如果這一份記憶能夠一直像燈塔一樣地存在，那麼它永遠不會讓你覺得這些困難、不確定的時期帶出了你身上最糟的部分。因為從一開始，我們就不曾播下這個種子。

這就是為什麼我身處於你們之間，但是我的某些部分讓我始終是一個陌生人、局外人。原因很簡單：我看待事情的向度和你們完全不一樣；對我來說，所有一切都是可接受的。現在，如果我們要實現另外一個夢想的話，那會變得非常困難，因為過去那些曾經努力過的人，他們現在非常挫敗。他們覺得自己失敗了。他們覺得現實或是存在一點也不眷顧他們這些天真無害，只想創造出一些美好事物的人。他們覺得，甚至對他們這樣一群人，存在居然還是遵循著同樣的法則，毫無例外。

所以現在有許多門徒感到挫敗，他們覺得自己很難再努力一次。他們覺得：「這有什麼意義呢？我們投入了所有的能量、期望和希望，然後誰知道呢？說不定明天所有一切都可能會因為一件小事而被摧毀。」他們覺得自己最好不要再懷抱任何希望和夢想，最好還是迷失在沒有夢想、沒有希望也不創造任何事情的普通生活裡，就只是一天一天地過著日子。在這種生活裡，不會有什麼巨大的挫折。因為這種巨大的挫折只會在你試著到達月球時才會發生。那是當你幾乎就要到達時，突然間月亮消失了，然後你發現自己和月亮之間的距離甚至變得比之前更遠，甚至比你開始旅程之前還要遙遠。

我知道那是令人感到痛苦的，但是這個痛苦是我們自己的責任。我知道你會覺得：生命是不公平、不公正的，它從我們的手上拿走了我們的玩具。但是，不要這麼匆忙地做出這種重大的結論。稍微等一等。或許，所有的改變都有個好理由。你唯一需要的只是耐心。你需要給予生命更多一點的空間。

而且，你總是要記得，喜悅不在於你完成了什麼事情；讓人感到喜悅的是你的渴望、你那份全然而熱切的渴望，它讓你在實現的過程裡能夠忘卻所有一切，忘掉這整個世界——它成為你整個人的唯一焦點。而那就是你的喜樂和收穫，你的喜樂與收穫不在於你完成了什麼事情，也不在於事物的永恆不變。在這個不斷流動變化的存在裡，我們需要在每個片刻裡發現其中的收穫。不論我們做些什麼，我們盡我們所能的進行，我們不敷衍了事；我們毫無保留。我們全心全意地投入於我們的行動裡，而那就是我們喜樂的所在之處。

這麼一來，不論那些夢想的結果如何……它們真的只是夢想而已，而要讓夢想實現真的是一種巨大的挑戰。你永遠不要忘記，它終究只是一個夢想。實現夢想是喜悅的，但是不要忘記，**它仍然只是一個夢想，遲早它是一定會消失無蹤的**。如果你擁有這樣一份覺知，那麼你生命裡所經歷的每一場改變，都會讓你變得越來越敏銳、越來越聰慧也越來越成熟；你會越來越警覺到存在的每一份細微變化，並且帶著無比的接受性來迎接所有的發生。

在我這一生裡，我曾經見到許多事情的消失。我結交過的朋友可能比任何人都多。

但是有些人今天是朋友，明天就不是了。他可能在十字路口上找到另外一條路，我們就分開了。但是，我總是記得一點：我們只是同行的旅者，沒有人知道對方能夠和你同行多久。所以當對方仍然和你還在一起的時候，盡你所能地愛，盡你所能地分享。因為或許明天你就會和對方彼此道別。

由於某些事情的未能成功，我這一生曾經不斷地從一個地方旅行到另外一個地方。但是我從來不曾失敗過。就算有上千個夢想失敗破碎，但是它們不會讓我失敗。相反地，每一個夢想的消失讓我變得更為勝利，因為它不曾打擾到我，它甚至不曾碰觸到我。那些夢想的消失是好的，它們的消失是一種機會，讓人能夠變得更為成熟。在這種情況下，你內在最好的部分會因此而出現。然後不論發生了什麼事情，那對你都沒有任何差別，你內在那些最好的部分會持續不斷地成長來到最高峰。

但是，永遠不要對抗時間、對抗生命、對抗存在。讓自己待在一種「放下」的狀態裡。這麼一來，你永遠都不會被擊敗，你永遠也不會感到失敗。而且你會發現沒有什麼事情是你需要隱藏的，因為你不執著於任何事情，你也不試著讓它們永恆不變，不論那是關係、友誼、行動還是任何事情。你就是享受著事情的發生，而沒有任何緊抓不放的欲望。你敞開自己，你允許那些生命當下的汁液充滿你的內在，然後當那些片刻離去時，你總是懷抱著感激，從不抱怨。

如果你能夠感謝那些夢想的消失，那麼，你內在那些最好的部分會持續地成長。在那樣一種「不敗」之中，每一次你創造了一些事物，時間會改變它，生命會流向一個不同的方向，然後一些你從來不曾預期過的事情會開始發生……未知會不斷地進入你已知的世界，干擾它。但是你會覺得干擾，那是因為你不歡迎這份未知。如果你歡迎這份未知，如果你能夠離開那份已知……會受到時間所干擾的永遠都是已知，而不是未知。

未知不會受到時間或是任何事物的干擾。如果你準備好歡迎這份未知，你就知道了如何在挫敗和失敗中保持勝利的祕密。那些夢想並不重要。重要的是你如何脫離那些破碎的夢想，那些巨大的期望，它們早已消散在風中，你甚至找不到它們的蹤跡。你要如何從中脫離呢？如果你能夠毫無損傷的從中脫離，那麼你就知道了一個偉大的祕密，你就已經找到了一把萬能的鑰匙。這麼一來，沒有任何事情能夠擊敗你；這麼一來，沒有任何事情能夠打擾你，沒有任何事情能夠讓你憤怒，也沒有任何事情能夠讓你退縮。你會永遠朝著未知前進，迎向新的挑戰。而所有的挑戰都只會不斷淬鍊你內在那些最好的部分。

問題

有時候，我很難待在這個外在世界裡，因為我看到人們可以變得多麼地冷酷，並且彼此踐踏。這讓我非常痛苦，有時候甚至是身體上的痛苦。我覺得自己像是孩子一樣地脆弱。請告訴我，我該如何面對這種狀況。

這個世界永遠都會有問題。這個世界過去一直在那裡，而它未來還會持續在那裡。如果你試著去解決這個不斷變化的環境、不斷變化的人們，思考著烏托邦的世界，並且試著改變政府、社會、經濟、政治和教育，那麼你會迷失於其中。這個陷阱就是人們所謂的政治。這也是許多人虛擲終生的方式。你要清楚了解一點：你現在唯一能夠協助的人只有你自己。現在，你沒有辦法協助任何人。或許，這是頭腦的一種把戲，用來分散你的心思。所以，正視你自己的問題，面對你自己的焦慮，看著你自己的頭腦，你需要先試著改變這一點。

很多人都有這樣的情況，當他們開始對靜心和某些靈性上的事物感興趣時，頭腦馬上會告訴他們：「你為什麼在這裡靜坐呢？這個世界需要你；這個世界上有這麼多的可憐人。外面有這麼多的衝突和暴力。你在這個廟裡祈禱些什麼？你應該要出去協助那些人。」

你怎麼能夠協助那些人呢？你跟他們是一樣的。你很可能會為他們帶來更多的問題，而無法協助他們。這就是為什麼所有的革命都失敗了。到目前為止，沒有任何一個革命成功過，因為這些革命分子和人們是同一艘船上的人。一個具有宗教精神的人了解這一點，他會說：「我非常的渺小，我的能量有限。如果透過這有限的能量，我能夠改變自己的話，那已經是一項奇蹟了。」而如果你能夠改變自己，如果你成為一個全然不同的人，眼睛裡閃爍著全新的生命，心裡歌唱著全新的歌曲，這時候，你或許能夠對他人有所協助，因為現在，你擁有一些能夠和人們分享的事物。

前幾天有人寄給我一個很美的故事，那是關於芭蕉（Basho）的一個故事。芭蕉是日本著名的俳句詩人，俳句大師。但是他不只是一個詩人。在他成為詩人之前，他是一個神祕家；在他寫出這些美妙的詩文之前，他曾經深入自己的中心。他是一個靜心者。

據說當芭蕉年輕的時候，他就開始旅行了。他旅行的目的是為了找到自己。就在他開始旅行不久之後，他聽到一個孩子單獨在森林裡哭泣的聲音，當時他大概正坐在一棵樹下靜心著，或者他試著靜心，然後他聽到一個孩子單獨在森林裡的哭聲。他花了很長的時間思索著該怎麼辦。後來他拿起背包繼續他的旅行，而把那個孩子交給他自己的命運。

在他的日記裡，他寫著：「首先，在一個人能夠為別人做任何事情之前，他需要先完成自己需要進行的事。」

這看起來很冷酷……一個孩子單獨在森林裡，哭泣著，而這個人卻思索著是否要採取任何行動，是否要協助這個孩子，還有協助這個孩子是否是正確的。一個孩子，一個無助的孩子在荒野中孤單、迷失地哭泣著，而芭蕉靜心思索著，然後做出他最後的決定。當他甚至還不曾協助過自己之前，他要如何協助他人呢？當他自己都還迷失在荒野中，當他自己都還是孤單和幼稚時，他怎麼能夠協助他人呢？

這個故事看起來很冷酷，但是非常有意義。我並不是說當你發現孩子在森林裡哭泣時不要協助他。我只是要你試著了解一點：在你尚未點燃自己的光亮之前，你卻開始去協助他人。當你自己內在的存在都還是一片黑暗時，你卻開始去協助他人；你自己都還身處於痛苦之中，而你卻要去服務他人；你自己都還不曾經歷過內在的叛逆，然後你卻想成為一個革命分子。這是絕對荒謬的一件事，但是，每個人的頭腦都有過這種想法。協助他人看起來似乎非常簡單。事實上，那些真正需要改變自己的人總是感興趣於改變他人。那變成他們的一種工作，好讓他可以忘記自己。

這就是我觀察到的情況。我看過很多社會工作者，在那些協助他人的人身上，我沒有看到任何一個人有著內在的光亮。但是他們卻非常努力地協助其他人。他們瘋狂地想要蛻變這個社會，蛻變人們還有人們的頭腦，但是他們完全忘記一點：他們從來不曾蛻變過自己。而他們卻是如此地忙碌。

曾經有一次，一個很老的革命分子也是一個社會工作者和我在一起。我問他：「你完全投入在你的工作裡。你曾經想過嗎？如果你真正想要的事情發生了，如果因為某種奇蹟，一夜之間，所有你想要的事情都發生了，隔天早上你會做什麼呢？你曾經想過這件事情嗎？」

他笑了，那是一個非常空洞的微笑，然後他變得有點悲傷。他說：「如果這種事情發生的話，我會覺得失落，因為接下來我要做什麼呢？如果這個世界完全就是我想要的樣子，我會覺得失落而不知所措。我甚至可能會自殺。」這些人極度地忙碌；那是他們的執念。而且他們選擇了這樣一個永遠不會實現的執著。好讓他可以持續不斷地改變他人，一輩子接著一輩子。但是，你到底是誰呢？

你說「人們變得非常冷酷，並且彼此踐踏」，這其實也是一種自我。因為光只是這種「人們冷酷地對待彼此」就給你一種「你自己是非常柔軟」的感覺。不，你不是。這可能是你的某種的野心，好讓你能夠協助人們變得柔軟，協助人們變得較為和藹和慈悲。

紀伯倫（Kahlil Gibran）曾經寫下一個小故事：

有一隻狗，你可以說牠是一個偉大的革命分子，牠總是教導鎮上其他的狗：「因為你無意義的吠叫，所以我們無法成長。你把能量耗費在那些無意義的吠叫上。」當郵差經過時，突然間所有的狗都會開始吠叫……或是當警察或警衛經過時，也是如此。狗反對制服，牠反對任何一種制服，牠們是革命分子。牠們看到制服會馬上開始吠叫起來。而這個領袖常常告訴牠們：「停！不要浪費你的能量，因為你可以用這同樣的能量來進行其他有用而具有創造性的事情。狗是可以統治這整個世界的，但是你現在卻毫無目的地浪費你的能量。你需要丟掉這種習慣。這是你唯一的罪，你的原罪。」

其他的狗總覺得牠是完全正確的；那非常合乎邏輯，牠是正確的：「你為什麼要持續地吠叫呢？這些能量全都被浪費了；你只會因此而感到疲倦。然後隔天早上你又繼續吠叫，然後晚上你又會再一次地感到疲倦。這到底有什麼意義呢？」牠們全都能夠理解這個領袖所說的意思，但是牠們也知道自己只是一隻狗，一隻可憐的狗。那個理想非常偉大，那個領袖也是一個偉大的例子，因為牠總是親身實踐自己的教導。他從來不吠叫。你可以看到牠的品格，不論他倡導些什麼，牠總是身體力行。

但是漸漸地，牠們厭倦了牠持續不斷的教導。有一天，那是那個領袖的生日，牠們決定送給牠一個禮物，那就是至少在那個晚上，牠們會抗拒吠叫的誘惑。至少在這個晚上，牠們要送牠一個禮物，顯示牠們對牠的敬意。如果牠們可以做到這一點，那一定會讓牠非常快樂。所以，所有的狗在這個晚上都停止了吠叫。

那非常地困難，非常地艱辛。那就像是叫你在靜心時，試著停止思考一樣。那是同樣的問題。牠們沒有發出聲音，即使牠們過去總是吠叫著。而牠們不是什麼偉大的聖賢，牠們只是一群普通的狗，但是牠們還是非常努力。那是一件非常、非常辛苦的事情。所有的狗都躲在自己的角落裡，閉著眼睛，咬緊牙關，什麼也不看，什麼也不聽。

那是一種極度的紀律。這時候，那個領袖在鎮上走動著。牠非常訝異且困惑：牠現在要向誰鼓吹？向誰進行教導呢？到底發生了什麼事？到處都是一片寂靜。過了午夜之後，牠突然間變得非常火大……因為牠從來沒有想過那些狗真的會聽從牠的話。牠非常清楚知道牠們不會聽牠的話，因為吠叫是狗的自然行為，而牠的要求是不自然的。但是那些狗真的停止了！這讓牠的領導地位岌岌可危。因為從明天開始，牠要做什麼呢？牠唯一知道的就是教導。牠就要失去牠的工作了。那是第一次，牠明瞭到：由於過去牠從早到晚一直忙碌於教導，所以牠自己從來不曾感覺到吠叫的需要。牠的能量是如此地投入在那些教導當中，而那也是一種吠叫。

但是那天晚上，不論在哪裡，沒有任何一隻狗犯錯。這個領袖開始感受到自己想要吠叫的衝動。狗畢竟還是狗。最後，牠終於衝向暗夜，開始大聲吠叫起來。當其牠的狗聽到有人打破協議時，牠們說：「我為什麼要這麼痛苦忍耐呢？」所以整個鎮上開始充滿了狗叫聲。這時候，這個領袖回來了，牠說：「你們這群笨蛋！你們要到什麼時候才會停止吠叫呢？因為你的吠叫，所以我們一直只能是狗。否則，我們可以統治全世界。」

你要清楚地記得：一個社會公僕、一個革命分子，他們所要求的是事情是不可能達成的，但是那讓他們能夠持續地忙碌。而當你忙碌於別人的問題時，你傾向於忘記自己的問題。所以，先解決你自己的問題，因為那是你最首要且根本的責任。

有一個有名的心理學家出於樂趣買了一個農場。每一次當他把種子灑在犁過的土壤上時，總是會有一大群烏鴉衝下來吃掉他的種子。最後，他吞下自己的自尊，詢問他的鄰居——目拉・那斯魯丁——該怎麼辦。

目拉來到他的田裡，他做了所有播種的動作，但是沒有真的灑下任何種子。那些烏鴉衝了下來，簡短抗議一番之後又飛走了。接下來的兩天，目拉每天都持續著同樣的動作，每一次那些烏鴉都上當受騙然後又飢餓地飛走。最後，第四天，目拉在田裡灑下了種子，卻沒有任何一隻烏鴉飛下來。

當這個心理學家試著向目拉表達謝意時，目拉隨意地咕噥說：「這不過是簡單的普通心理學而已。你從來沒有聽過嗎？」

記得，這只是非常簡單的普通心理學：不要管他人的閒事。如果他們做錯了什麼，那需要由他們自己去發現與明瞭。沒有任何人能夠讓他們明瞭。除非他們決定要了解它，否則那是不可能的事情，你只不過是浪費自己寶貴的時間和能量罷了。你最首要的責任在於蛻變自己的存在。當你自己有所蛻變時，事情會自行發生。你會變成一道光亮，而人們透過你的光亮，他們會找到自己的路。這不是因為你往外去協助他們，也不是因為你強迫他們了解些什麼。你的光亮，你那閃耀的光亮本身就是一個邀請；人們會自行前來。所有那些需要光亮的人會自己來到你身邊。你不需要追在人們的背後，因為這個追著協助他人的行動是愚蠢的。沒有人能夠在違反他人意願的狀況下改變他們。那不是事情發生的方式。這純粹是簡單的普通心理學；你沒有聽說過嗎……？把你的能量留給你自己就好了。

問題　我們有可能在毫無攻擊性（aggressive）的狀況下改變這個世界並拯救它嗎？

這是一種攻擊。即使你只是試著去改變一個人，這都是一種攻擊。因為你是誰呢？你怎麼能夠為他人決定什麼是對的？你是誰呢？你怎麼能夠說，如果這個世界根據你的方式而改變，它就會是一個較好的世界？你在自己身上加諸了一個拯救者的角色，而那是一種對於人們的無意識操控。當然，你會說「那是為了他們好」，你讓他們無法叛逆反對你。

每一個父母都對他們的孩子做過同樣的事情。「這是為了他們好」，所以父母親管教孩子，強迫孩子去做他不想做的事情，或是把某個宗教強加在孩子身上，卻從來不曾徵求過孩子的意願。父母在任何可能的向度上，扼殺了孩子的自由。所以他們所擁有的自由越來越少，他們的個體性也變得越來越少……當一個孩子變得百分之百順從時，他也已經死亡了！在孩子的不服當中有著他的生命；在孩子的叛逆裡展現著他的存在。

但是你無法說父母親的意圖是錯的。我從來不懷疑任何人的意圖，但是問題不在於此。問題在於它所帶來的結果是什麼？意圖是某種你內在的事物，不論你是好意還是惡意，就是把它留給你自己。

當你開始根據這些意圖而行動時，你的好意會比惡意還更為危險。因為一個惡意會馬上受到人們的反擊、反對和譴責，不只是你惡意對待的那個人，甚至連那些目睹的人也都會如此。但是好意是危險的。

好意、惡意這兩者其實是同樣的事情，它們都摧毀了個體成為自己的自由，他們要求個體違反自然本性去符合父母的期望。你可以叛逆對抗一個惡意，這沒有問題，你會獲得每個人的支持；但是如果你反對一個好意，叛逆是不被允許的。人們支持那些懷抱好意但卻摧毀了他人個體性的人。但卻從來沒有人來支持這個被摧毀的個體。

拯救這個世界不是我們的工作。從一開始我們就不曾創造過它。所以這個世界會走向哪裡，會發生什麼事情，那不是我們的責任。我們自己唯一的責任在於，當我們還在這裡時，我們能夠過著一種喜悅的生活、愛的生活、喜樂的生活。當我們還在這裡的時候，我們的責任是知道「我是誰？」還有知道生命是怎麼一回事。

當你這麼做的時候，有一項奇蹟會發生，那就是你已經在毫無攻擊性的狀況下改變這個世界了。你沒有任何想要改變世界的想法，所以根本也沒有所謂攻擊性這回事。你完全不曾想過要改變世界，讓它按照你的方式來進行。你就是過著自己的生活，做著自己擅長的事情。你盡你所能地生活、你盡你所能全然地生活著，因為生命是如此地短暫，下一個片刻是如此地未知，我們必須把每一個片刻當成是最後一刻。

光只是這樣一個想法「這似乎是最後的一刻」，它就會蛻變你。因為這麼一來，嫉妒是毫無必要的，憤怒也變得毫無必要。在生命的最後一刻裡，誰會想要生氣、嫉妒、悲傷和痛苦呢？很自然地，在你生命的最後一刻裡，你所有對於生命的吝嗇和抱怨都會消失。如果每一個片刻都被當成是最後一刻——事實上，事情確實應該是如此，因為下一個片刻是如此地不確定——你會改變自己；而你的變化會是具有感染性的。它很可能會改變這個世界，即使你從來不曾想過去改變它。

這是我在毫無攻擊性的狀況下讓世界有所改變的方式。

否則到目前為止，所有的改革家，所有的革命分子和彌賽亞都是暴力的、具有攻擊性的。他們專心致力於拯救你。但是他們從來不曾詢問過你：你是否想要被拯救？你只不過是某種由他們所決定的事物而已。但是是誰給了他們這項權力呢？他們從來不曾詢問過你的允許。然而如果你不按照他們的方式改變自己，他們隨時都準備好把你丟入黑暗、陰沉的永恆地獄裡！

當然，如果你願意這樣做，如果你願意進行一種靈性上的自殺，成為這些人的影子，那麼他們會提供天堂裡所有你能夠想像得到的報酬。印度教曾經試著改變這個世界，基督教曾經試著改變這個世界，所有的宗教都曾經試著這樣做。共產主義、社會主義、法西斯主義，它們都曾經試著改變這個世界。

我的人需要成為這個世界上一種全然不同的現象，一種全新的現象。你不干擾任何人的生命，而同時你讓這整個世界有所蛻變。這才是真正的神奇。你不懷抱著改變他人的意圖，你不強迫任何事情，你不干擾他人，你不侵犯介入任何人的生活。你也不做任何評判：「你是錯的，我會幫你修正過來。」你不關切；那是人們自己的事情，那是人們自己的生命。如果有人想要摧毀自己的人生，他有權力這麼做。如果有人想要過著愚蠢的生活，他也有絕對的權力這麼做。那是他的人生。他要如何生活，他要過著一種充滿活力的生活，還是一種死寂的生活，從搖籃一路昏睡到墓地，那都是他的決定，他是自己生命的主人。所以，我的人不應該打擾任何人的生命。

我改變這個世界的方式是一種全然不同的方式：你就是改變你自己。然後，當你是喜悅、舞蹈的時候，你會發現有人在你身旁開始加入你的舞蹈，因為我們都有著同樣的人類意識，有著同樣的潛能。沒有人是外來者。我們或許說著不同的語言，但是有一種語言我們全都能夠了解。所以，當你快樂、微笑時，其他原本不曾微笑的人，他可能會突然間發現自己的臉上也出現了笑容。你可能是一個陌生人，但是你對著他微笑，你對著他揮手。這時候，你已經在他沒有意識到的時候改變了他，即使你不曾想過要改變他。

有一些像是老子、莊子和列子的偉大師父，他們都把這稱為「無為之為」。你沒有做任何事情，但是有些事情發生了。而當事情自行發生時，它們具有一種美，因為在這些發生的內在深處，有著一份自由。如果這個人對你揮手，如果這個人對你微笑……你完全不曾要求過他，他是全然自由的，他可以忽略你。但是，在心和心之間有一種同步的感染性。

因為我知道這種感染力的奧祕，所以我主張的是一種新的革命。你就是改變你自己，當你改變自己的時候，你也就改變了這個世界上的某一部分，因為你是這個世界裡的一份子。如果你的改變是因為某些事情讓你變得豐富，讓你變得喜悅，讓你變得喜樂，讓你成為一首歌，那麼人們很難不加入你的歌唱、你的舞蹈和你的綻放。一個人能夠在不提及「改變」這個字眼的狀況下，改變這整個世界。

我單獨地開始這趟旅程。我從來不曾敲過任何人的門，要他們加入我，但是很奇怪地，人們開始聚集來到我身邊，而這個隊伍變得越來越大、越來越長。他們是自己加入的。如果它們決定和我生活在一起，那是他們的決定；如果他們想要離去，那也完全沒問題。他們和以往一樣是自由的。

我們已經開始了這個過程，而這個世界也已經來到一個新的人類歷史階段。我們不攻擊；我們不嘗試改變這個世界。我們甚至對這個世界沒有多少興趣；我們就是過著自己的生活，享受著生活，我們是全然自私的！但是，那些上千年來不曾發生過的事情，有可能開始因為我們而發生。但是那會是一種無為而為，一種毫無意圖的蛻變，沒有任何的強迫性。這種蛻變已經開始自行擴散開來了，人們也開始了解這一點。因為在人們的內在深處，每一顆心都訴說著同樣的語言。

問題　我能夠做些什麼事情來幫助一個乞丐呢？不論我是否給他一塊錢，他都一直同樣會是一個乞丐。

問題不在於乞丐。如果問題出在乞丐身上的話，那麼每個經過的人都會有著同樣的感覺。如果問題出在乞丐身上的話 ，那麼乞丐很早以前就會消失了。問題在於你的內在：你的心有一種感受。所以試著去了解這一點。

每當心感受到愛的時候，頭腦會馬上介入。頭腦會馬上採取行動，它會說：「不論你是否給他些什麼，他都一樣會是個乞丐。」他是否會持續是個乞丐，那並不是你的責任。但如果你的心想要做些什麼，那就是去行動！不要試著避開你的心。頭腦會試圖避開這種情況。頭腦會說：「就算你給了他一點錢？他還是一個乞丐，所以根本不需要做這些事情。」但是這麼一來，你就錯過了一個讓你的愛能夠流動的機會。如果那個乞丐決定自己要成為一個乞丐，你沒有辦法做任何事情。你可能給了他一些錢，而他可能會把錢給丟掉。他會決定自己要怎麼做。

頭腦非常的聰明。

提出這個問題的人問：為什麼會有乞丐？

這是因為人們的心裡沒有愛。但是再一次，提出這個問題的人，他的頭腦會介入：難道不是那些有錢人掠奪了那些窮人嗎？難道這些窮人不該奪回他被偷走的東西嗎？

這時候，你忘記了乞丐，你也忘記了你所感受到的心痛。這時候，這件事情就變成了政治、經濟上的問題。然後它和你的心再也沒有任何關係了，它現在變成是頭腦的問題。創造出這些乞丐的是頭腦！是頭腦的狡猾以及它的計算創造出這些乞丐。有一些人他們非常狡猾、非常善於算計；他們會變得富有。然後有一些人，他們非常天真，他們不那麼狡猾也不擅長算計；他們會變得貧窮。

你可以改變這個社會。在蘇聯，他們改變了社會，而那沒有帶來任何的差別。老舊的階級消失了，窮人與富人消失了，但是另外一種新的階級——統治和被統治者——出現了。那些狡猾的人成為統治階級，而那些天真的人則成為被統治的一群。過去，那些天真的人是窮人，而那些狡猾的人則是有錢人。你能怎麼辦呢？

除非這種在頭腦和心之間的區分消失了，除非人類不再透過頭腦來生活，開始透過心來生活，否則這些階級是不會消失的。階級的名稱或許會有些變化，但是痛苦會依然存在。

這個問題非常重要，非常有意義：「我能夠做些什麼事情來幫助一個乞丐呢？」問題不在於乞丐。問題在於你和你的心。不論你能夠做什麼，就是做點事情，同時不要把責任怪罪到那些有錢人身上。不要把責任丟給歷史。也不要把責任怪罪到經濟體系上，因為那些都是次要的。只要人類持續是狡猾和算計的話，這種情況會一次、一次又一次的重複。

你能夠做些什麼呢？你是這個整體中的一小部分。不論你做些什麼，它不會改變這整個狀況，但是它會改變你。如果你給了那個乞丐一些東西，那或許不會改變他，但是那個行動，那個分享，它會改變你。這才是真正重要的事情。如果這種心的革命能夠持續不斷，那些心有感受的人會變得越來越多，那些能夠把他人當成自己內在一部分的人也會變得越來越多，那麼遲早有一天，這些窮人會消失，貧窮會消失，而且不會出現另外一個新的剝削階級。

到目前為止，所有的革命都失敗了，因為那些革命分子沒有看到貧窮存在的根本原因。他們只看到表面的原因。然後他們馬上說：「有人剝削了這些窮人，那就是為什麼他會這麼貧窮。」但是為什麼會有人能夠剝削他人呢？為什麼有些人看不到這一點？為什麼他們看不到自己的剝削其實一無所得，但是這個人卻失去所有一切？他們頂多累積了一些財富，但是他們卻扼殺了周圍的生命。他們的財富其實什麼都不是，不過是血液而已。為什麼他們看不到這一點呢？這是因為狡猾的頭腦為他們創造了一些解釋。

狡猾的頭腦說：「人們之所以貧窮，那是因為他們的業力。他們的前世曾經做錯事情，這就是為什麼他們現在會受苦。我現在之所有富有，那是因為我做過一些善行，所以我現在能夠享受成果。」這也是一種頭腦。而坐在英國皇家圖書館裡的馬克思，也是一個頭腦。他的頭腦思考著貧窮的根本原因，然後他得到的結論是：「有人在剝削他人。」但是，除非人類的狡猾全然消失不見，否則這種人永遠都存在。因此，真正的問題不在於改變社會的結構。真正的問題在於改變人類人格的架構。

你能夠做什麼呢？你或許改變了一些事情，把那些有錢人丟了出去，但是他們會從後門回來的。他們非常狡猾。事實上，那一群能夠把有錢人丟出去的人也非常的狡猾；否則他們沒有辦法趕走別人。那些有錢人可能沒有辦法從後門回來，但是那些自稱為革命之士、共產主義者、社會主義者的人，他們會坐上高位，然後他們會開始剝削他人。而他們的剝削更是危險，因為他們已經證明了自己比原來那些有錢人還更狡猾。當他們把那些有錢人趕出去時，他們就已經證明一點：他們比那些有錢人還更狡猾。所以現在，這個社會由一群更為狡猾的人所掌控了。

記得，如果有一天有些革命分子出現的話……而這一點是一定會發生的，因為即使形式和以往有所不同，但是人們會再一次覺得自己被剝削，所以革命分子會再一次地出現。但是這一次，是誰來把那些過去的革命分子給丟出去呢？這時候，你需要另外一群更為狡猾的人。每當你要打敗某個特定系統時，你會運用那個系統曾經用過的手段。所以，名稱會改變，旗幟會改變，但是社會仍然還是一樣的。

這種愚弄已經夠了！問題不在於乞丐；問題在於你。不要狡猾，不要玩弄你的聰明。不要說那是因為他們的業力，你其實不知道任何關於業力的事情。那只是你的一種假設，用來說明某些無法解釋的事物，說明某些讓人心痛的事情。一旦你接受了這種假設，你會覺得如釋重負。然後，你可以繼續保有你的財富，那些窮人也會繼續保持貧窮，然後，再也沒有問題了。這種假設就像是一個緩衝避震器一樣。

這就是為什麼在印度，貧窮是如此地根深柢固，人們是如此地麻木。因為他們透過某種理論來說服自己。這就像是你開車一樣，你的車上會有避震器，它讓你不會感受到路面的顛簸，這個關於業力的假設像避震器一樣吸收了震動。它是一個很棒的避震器。你持續不斷地碰到窮人，但是因為有避震器在那裡，有一個業力的理論在那裡。所以你能怎麼辦呢？那跟你沒有任何關係。你現在享受財富，那是因為你前世的美德和善行，這個人現在感到痛苦是因為他過去的惡行。

在印度的耆那教裡有一個特定支派叫特若判斯（Terapanth）。他們極度相信這種理論。他們說：「不要介入，因為人們的痛苦來自於他過去的業力。不要干涉。不要給他任何東西，因為那會只是一種干涉；原本他的痛苦可以短一點，但是你的干涉會延長他的痛苦。他必須要受苦。」比如說，你可以給一個窮人足夠的金錢，過上幾年容易的生活，但是那幾年過去之後，他的痛苦會再一次開始。就從你停止他痛苦的那個地方，痛苦會再度開始。所以這些相信特若判斯支派的人，他們不斷地說：「不要干涉。就算有人在路旁即將死亡，你就是走過去，你就是漠不關心地，繼續走你的路。」他們說這是慈悲；他們說你的干擾會延長這個人的業力過程。這是多麼巨大的一種緩衝器啊！在印度，因為有這樣一個狡猾的理論存在，所以人們變得極度的麻木。

西方人則找到了一種新的理論「貧窮的存在是因為有錢人的剝削」，所以他們要摧毀那些有錢人。就是看看這一點。當你看到某個窮人時，愛從你的心裡升起，然後你馬上說他的貧窮是由那些有錢人所造成的。這時候你已經把愛轉變成恨！現在你開始痛恨起那些有錢人。你在玩著什麼樣的一種遊戲啊？你現在會說：「摧毀那些有錢人！從他們身上奪回一切，他們是一群罪犯。」這時候你完全忘記了那個乞丐；你的心也不再充滿了愛。相反地，你的心現在充滿了恨……事實上，是這些恨意讓社會到處充斥著乞丐！然後你會再一次感到痛恨這種情況。所以你會創造一個新的社會，那裡可能有著不同的階級，有著不同的名稱，但是仍然還是有著統治者和被統治者，剝削者和被剝削者，壓迫者和被壓迫者。這種方式不會帶來任何改變；事情仍然跟以往一樣。社會上仍然有些人是主人，有些人是奴隸。

心的革命是唯一可行的革命。當你看到一個乞丐時，保持你的敏感度。不要讓任何緩衝器來到你和那個乞丐之間。讓自己保持敏感是很困難的一件事，因為你可能會開始難過、哭泣。你可能會感到非常非常地不舒服。所以，就是跟他分享你所能夠分享的東西。然後不需要擔憂他是否仍然還會是個乞丐。你就是去做你能夠做的事情。然後這會改變你。這會帶給你一種新的存在，讓你越來越靠近你的心，而越來越遠離頭腦。這是一種內在的蛻變；而這是唯一的方式。

如果人們持續用這種方式來蛻變自己，那麼或許有一天，一個新的社會會開始出現。在那裡，人們是如此地敏感，以致於他們無法剝削他人；在那裡，人們會變得如此地覺知，以致於他們無法壓制他人；在那裡，人們會變得如此地具有愛意，以致於貧窮和奴役會變成一種無法想像的事情。

讓你自己從心出發去做一些事情，同時遠離受害者的理論。

問題　你曾經說過，我們需要來到相反的一極；我們需要同時選擇科學和宗教，理性與非理性，西方和東方，科技和靈性。我可以同時選擇政治和靜心嗎？我可以選擇改變這個世界，同時又改變我自己嗎？我可以是一個革命分子的同時又是一個門徒嗎？

是的，我曾經一次又一次的說過：一個人需要接受相反的一極。但是靜心沒有與之相對的一極。靜心是對於兩極事物的一份接受，而透過這份接受，一個人能夠超越那些相反兩極的事物。所以，靜心沒有與之相對的事物。

試著了解這一點。你坐在自己的房間裡，那裡一片黑暗。黑暗與光亮是相反的嗎？

還是黑暗其實是因為缺乏光亮呢？如果黑暗是光亮的相反事物，那麼它會有它自己的實體（reality）。但是黑暗有它自己的實體嗎？黑暗本身是真實的嗎，還是黑暗的出現是因為缺乏光亮呢？如果黑暗有它自己的實體，那麼當你點燃蠟燭時，它會抗拒。它會試著熄滅蠟燭。它會為自己的存在而抗爭；它會反抗。但是黑暗從不曾抗拒過。它從來不曾抗爭過，它甚至無法熄滅一根小小的蠟燭。黑暗是巨大的，蠟燭卻非常的渺小，但是那個巨大的黑暗無法擊敗那渺小的蠟燭。那份黑暗可能已經統治了那間屋子好幾個世紀，但是當你帶入一根小小的蠟燭時，黑暗沒有辦法說：「我已經在這裡長達好幾個世紀，我會給你好好的一擊。」它就是消失無蹤了。

黑暗沒有真實的存在；它純粹是一種缺乏光亮的現象，所以當你帶入光亮時，它就消失了。當你熄滅光亮時，它就出現了。事實上，黑暗它從來不會出去，它也不會進來，因為它沒有辦法。黑暗純粹只是光亮不存在時的一種狀態。光亮存在時，黑暗就不見了；光亮消失時，黑暗就在那裡。黑暗是虛無的。

靜心是你內在的光亮。它沒有與之相對的事物，只有一份空無。

你現在的生命是缺乏靜心的，這些世俗的生活、追求權力、聲望、自我、野心和貪婪的生活。而這就是所謂的政治。

政治是一個非常龐大的字眼。它不只包含所謂的政治，它還包含所有追求名利的人，因為每當一個人擁有野心時，他就是一個政客，不論他試圖到達的是什麼樣的目標，他都是一個政客。不論過程中是否有其他的競爭者，那也是一種政治。一個班級裡有三十個學生學習著，他們把自己稱為同學，但他們其實是敵人，因為他們全都彼此競爭著，他們不是夥伴。他們試著超越他人。他們試著拿到第一名，拿到金牌。當野心存在時；他們就是政客。每當競爭、爭戰存在時，那就是政治。所以人們的整個日常生活是政治化的。

靜心就像光亮一樣；當靜心出現時，政治就消失了。所以你沒有辦法同時是靜心又是政治化的；那是不可能的。你只是在要求一件不可能的事情。靜心沒有與之相對的一極；而是當所有的衝突、野心和自我遊戲都消失時，靜心就在那裡。

讓我告訴你一個著名的蘇菲故事。曾經發生過這樣一件事：

一個蘇菲說：「沒有人能夠了解人類，除非他明瞭『貪婪』與『不可能』之間的關係。」

他的門徒說：「這是一個謎題，我沒有辦法了解這個謎題。」

這個蘇菲說：「當你能夠直接親身經驗時，你就會了解，永遠不要試著用頭腦去搞懂它。」

他把這個門徒帶到市場附近的一家賣長袍的店裡，這個蘇菲對老闆說：「讓我看看你最棒的長袍，我現在想要好好奢侈一番。」

那家店裡有一件非常美麗的長袍，而它的價錢非常昂貴。

這個蘇菲說：「這就是我想要的東西，但是我希望領子周圍可以有一些亮片和皮毛的裝飾。」

這個老闆說：「沒有比這更容易的事情了，我的工作間裡剛好就有一件領子上有這種裝飾的長袍。」然後他消失了一會，當他回來時，同一件袍子上已經加上了皮毛和亮片。

這個蘇菲說：「這一件多少錢？」

這個老闆說：「這一件比前面那一件要貴上二十倍。」

這個蘇菲說：「好極了！我兩件都要了。」

現在，這是不可能的事情，因為那是同一件袍子！這個蘇菲向他的門徒示範了：貪婪裡的「不可能」；這種「不可能」是貪婪的本質。

不要太過貪婪，如果你想要同時成為一個政客和一個靜心者，這是有史以來最大的一種貪婪。沒有比這更貪婪的事情了。因為你等於在要求：你想要有野心，但是不要緊繃；你爭戰、暴力和貪婪，然後同時你又要是平靜和放鬆的。如果這是可能的話，我們根本不需要有門徒這回事，也根本不需要靜心這回事。

你沒有辦法同時擁有這兩者。一旦你開始靜心，政治會開始消失。隨著政治的消失，所有政治所帶來的影響也會消失。那些緊繃的狀態、那些擔憂、焦慮、苦惱、暴力和貪婪，它們都會跟著消失。它們是政治頭腦的副產品。

你需要做出決定：你可以是個政客，或是你可以是個靜心者。但是你不可能同時是兩者。因為當靜心來臨時，黑暗會消失。這個世界——你目前的世界——是一個缺乏靜心的世界。當靜心來臨時，你的這個世界會像黑暗一樣地消失。

這就是為什麼那些已經領悟的人不斷地說：這個世界是一個幻象，它不是事實。幻象就跟黑暗一樣，當它在那裡的時候，它看起來像是真的，但是一旦你把光亮帶進來，突然間你會開始覺知到它不是事實，它是假的。就是看著黑暗，它有多少真實性呢？它看起來有多少的真實性呢？它從四面八方圍繞著你。不只如此，你還因此而覺得害怕。這些虛假的事物能夠創造出恐懼。它可以殺了你，而它甚至不是真的。你可以把光亮帶進來。然後找個人站在門口，檢查看看黑暗是否會從門口離去。沒有人曾經看過黑暗離去，也沒有人看過黑暗進來；它看起來像是真實存在著，但是它並不是。而這個所謂欲望、野心和政治的世界，也同樣看起來像是真實存在著，但事實是它不存在。所以，一旦你開始靜心時，你會開始為這些鬼扯的事情感到好笑，所有的惡夢都會消失。

請不要嘗試去做這種不可能的事情。如果你真的做了，你會覺得非常地衝突；你會變得人格分裂。「我可以同時選擇政治和靜心嗎？我可以選擇改變這個世界，同時又改變我自己嗎？」那是不可能的。事實上，你就是這個世界。當你改變自己時，你也已經改變了這個世界，除此之外，沒有其他的方法了。如果你開始去改變他人，那麼你不會改變你自己，而一個無法改變自己的人也永遠無法改變任何人。但是，他仍然認為自己是在從事某種偉大的事業，就像是那些政客一樣。

你所謂的革命分子全都是一群生病的人、緊繃的人、瘋狂的人，他們神智不清，而且他們的瘋狂是如此地嚴重，以致於他們如果不做任何事情，他們會發瘋，所以他們把自己的瘋狂投注在某些工作上。他們試圖改變這個社會、重建這個社會，他們做這、做那……改變全世界。他們的瘋狂是如此地嚴重，以致於他們看不見其中的荒謬：當你甚至不曾改變自己時，你要如何改變他人呢？

從自己家裡開始。先從改變自己開始。首先，你把光亮帶入自己的內在，然後你才有能力……事實上，說「你有能力去改變他人」是一種不正確的說法。當你一旦改變自己時，你會成為一個源頭，有著無限的能量，而這股能量會自行讓他人有所蛻變。不是你努力做些什麼，像殉道者一樣地去改變他人，不，不是那個樣子。你就只是待在自己的內在，但是這股能量，它所具有的純粹，它所具有的天真和芬芳，會像漣漪一樣地散布開來。它會到達這個世間的每一個岸邊。在你毫不努力的狀況下，一種毫不費力的革命開始了。而當革命是毫不費力的時候，它是美好的。每當革命涉入任何一種努力時，它就是暴力的，因為這麼一來，你會把自己的概念強加在別人身上。

史達林殺掉了上百萬的人，因為他是一個革命分子，他想要改變社會。任何一個阻擋他的人都被他殺掉了。有時候這種情況確實會發生，那些試圖幫助你，或是開始幫助你的人甚至後來會變得反對你。因為他們其實不在意你是否會改變。他們只是擁有一種想要改變你的概念，所以即使你不同意，他們還是會改變你。他們不會傾聽你的意見。所以，這種類型的革命注定是暴力而血腥的。

然而革命不能是暴力、血腥的，因為革命必須來自於愛和心。一場真正的革命從來不會走向四方去改變他人。他會紮根於自己的內在，然後那些想要改變的人們會自動地靠近。人們會從遙遠的地方而來。人們會來到他身邊。而他的芬芳會以一種微妙的方式、一種未知的方式碰觸到人們，以致於那些想要改變的人會自行前來，尋求一場革命。真正的革命會在他的內在持續地發生，他是敞開的。就像是一池涼水一樣，所以任何感到飢渴的人會開始自行尋找；這池涼水不會去尋找你。這池涼水不會追趕在你的身後。這池涼水不會因為你的飢渴而淹沒你，它也不會因為你不聽話、不喝水而淹沒你。

史達林殺了許多人。你可以看到，那些革命分子和保守分子一樣地暴力，有時候甚至還更為暴力。

請不要去做那種不可能的事情。你只需要改變你自己。事實上，這幾乎也是一件不可能的事，如果你能夠在這一世裡有所蛻變，那麼你應該要為此而深感謝意。你會說：「夠了！我已經非常滿足了。」

不要擔憂其他人。他們也是這個存在裡的一份子，他們也具有意識，他們也擁有靈魂。如果他們想要改變的話，沒有人能夠阻擋他們。所以，你就是讓自己是一池涼水。如果人們渴了，他們會自行前來的。光只是你的清涼就已經是一種邀請了；你這池水中所具有的純淨就會是一種吸引。

「我可以是一個革命分子的同時又是一個門徒嗎？」不行。如果你是一個門徒，你自己就已經是一場革命了，你不會是一個革命分子。你也不需成為一個革命分子；如果你是一個門徒，你已經是一場革命了。試著了解我的意思。因為你不會試著去改變人們，你也不會在任何地方發動任何革命。你不計畫任何的革命，而是你親自生活在革命裡。你的生命本身就會是一場革命。不論你走到哪裡，不論你碰觸些什麼，那會是革命性的。革命會變得像是呼吸一樣，自動地發生。

我想告訴你另外一個蘇菲的故事：

有人問一個蘇菲說：「什麼叫做隱藏。」他說：「如果示範的機會來臨時，我會回答你這個問題。」蘇菲通常不會說太多的話。他們會創造出情境。他們不會說太多話語；他們會透過情境來示範。所以這個蘇菲說：「如果機會來臨時，我會示範給你看。」

一段時間之後，這個蘇菲以及向他提出問題的這個人被一隊軍隊所制止，那個士兵說：「根據收到的命令，我們要把所有的蘇菲行者都關入監獄。因為國王說他們違背了他的命令，他們說了一些擾亂人心的話語。所以我們要把所有的蘇菲都關入監獄裡。」

每當有一個真正的宗教人士、一場真正的革命出現時，政客會變得極度地恐懼，因為光是這樣一個人的存在就足以讓那些政客感到瘋狂。他的存在能夠造成出混亂。他的存在足以產生騷動，讓舊有的社會因此而死亡。他的存在能夠創造一個新的世界。他變成了一個媒介。就自我而言，他是全然空無的，他成為神性的媒介。而那些統治者，那些狡猾的人，一直很害怕這種人，因為沒有任何其他事情比這樣一個人更危險了。他們不害怕革命分子，因為革命分子和他們所用的手段是一樣的。他們不害怕革命分子，因為他們說著同樣的語言，有著同樣的術語。他們是同樣一群人；他們之間沒有差別。

如果你去任何一個首都，觀察一下那些政客。不論是在位的政客還是在野的政客，他們都是一樣的人。那些在位的政客看起來比較保守，因為他們已經獲得權力了，現在他們想要保護這些權力。他們想要保有這份權力，所以他們看起來比較安定。至於那些在野的政客則會談論著革命，因為他們想要把那些執政者給丟出去。但是一旦他們擁有權力時，他們也會開始變得保守，然後那些曾經執政，但是後來失去位置的人，他們則會開始變成革命分子。

一個成功的革命分子是死寂的，而一個失去權利位置的人會變成革命分子。然而他們都不斷地欺騙人們。不論你選擇的是在位還是在野的政客，你的選擇沒有什麼差別。他們或許身上有著不同的標籤，但是他們沒有什麼差別。

一個具有宗教精神的人才是真正危險的人。他的存在本身就是危險的，因為他帶來一個新的世界。

那群士兵圍繞著這個蘇菲還有他的門徒，他們說由於國王的命令，他們在尋找蘇菲行者，將他們逮捕入獄。因為國王說那些蘇菲行者所說的話語是不受歡迎的，那些話語不利於「人心的穩定」。

這個蘇菲對士兵說：「這是你該做的事情，那是你的職責。」

這個士兵問：「難道你不是蘇菲行者嗎？」
這個蘇菲說：「你可以測試一下我們。」
士兵拿出蘇菲的書，他問說：「這是什麼？」
那個蘇菲看了看封面，然後說：「這是一種我會在你面前馬上燒毀的東西，如果你沒有燒掉它的話。」然後他在書上點了一把火。而那群士兵很滿足地離開了。
那個蘇菲的門徒問說：「你這樣的行為有什麼目的嗎？」
這個蘇菲說：「這讓我們能夠隱藏起來。對於這個世界的人，如果你看起來符合他們的期待，那你是顯而易見（visible）的。如果你看起來和他們想像的有所不同，那麼他們就無法看到你真實的本質。」
一個具有宗教精神的人過的是一種革命性的生活，但是他是不可見的，因為讓自己明顯可見的意思就是變得粗俗，讓自己明顯可見就是來到階梯的最低一階。一個具有宗教精神的人、一個門徒會在自己內在創造出一場革命，同時讓自己是不可見的。然後，這股不可見的能量源頭會持續地帶來奇蹟。
我要告訴你一件事情，如果你是一個門徒，那你不需要成為一個革命分子。你已經是一場革命了。我用的字眼是「一場革命」，因為革命分子是僵死的，他有的是一種固定的概念，某種既定的頭腦。而我所說的「革命」則是一個過程。門徒沒有固定的概念；他只是一個片刻接著一個片刻地生活。他在每個當下片刻裡回應著現實，他的回應不來自於任何的概念。

就是觀察一下。當你和一個共產主義者談話時，你會發現他並沒有傾聽你。他可能不停地點頭，但是他並沒有傾聽你。如果你和一個天主教徒談話的話，他沒有傾聽你。和印度教徒談話，他也沒有傾聽你。當你還在說話時，他已經在準備著過一會要怎麼回答你，而他的回答來自於他老舊的過去，來自於那些固定的概念。你甚至可以從他臉上看出來這一點，他的臉上沒有任何回應，他的臉是遲緩而死寂的。

但是當你和一個孩子說話時，他會傾聽你，他會非常仔細地傾聽。如果他傾聽的話，他會非常仔細地傾聽。如果他不想聽的話，他就絕對不會在那裡，不論怎麼樣，他都是全然的。當你和一個孩子說話時，你會看到他的回應，那麼地純粹而鮮活。

門徒就像是孩子一樣，他是天真的。他不會根據概念而生活，他不是任何思想形態的奴隸。他根據意識而生活，他根據覺知而生活。他的行動總是在此時此地！他沒有昨天，沒有明天，他只有今天。

當耶穌被送上十字架時，有一個小偷當時正在他身旁，這個小偷對他說：「我們是一群罪犯。我們被送上十字架是完全正常的，我們自己知道這一點。而你看起來卻是天真無辜的。但是我很高興和你一起被送上十字架。我非常地高興。我從來沒有做過任何一件好事。」

這個小偷完全忘記了一件事情。當耶穌誕生時，耶穌的父母逃離了這個國家，因為當時的國王下令殺掉在某個特定時期裡出生的所有嬰兒。因為那個國王從他的大臣那裡知道，有一場革命即將誕生，而那非常的危險。為了避免這場革命，他做了一些防範措施，他下令進行大規模的屠殺。所以耶穌的父母選擇了逃亡。

有一天晚上，幾個小偷和強盜包圍了他們，這個小偷正是其中的一員。當時那些小偷和強盜正準備搶劫後殺人，但是這個小偷看到了還是嬰兒的耶穌，他是那麼地美，那麼地天真和純粹，就好像他就是純淨本身……而且有一種光輝圍繞著他。這個小偷制止了其他人，他說：「讓他們走吧！看一看這個嬰兒。」他們全都看著那個嬰兒，然後他們全都像是進入了某種催眠一樣。他們沒有辦法按照預定的計畫行事……他們離開了……

這個小偷就是當初救了耶穌的那個小偷，但是他沒有意識到眼前這個人就是當年那個嬰兒。他對耶穌說：「我不知道我做過什麼，但是我從來不曾做過任何一件好事。你沒有辦法找到比我更惡劣的罪犯了。我的一生充滿了罪惡、搶劫、謀殺還有任何你所能想像的事情。但是我很高興。我感謝神讓我能夠和一個天真的人一起死亡。」

耶穌說：「因為這份感激，你今天會和我同在神的國度裡。」

在耶穌說過這句話之後，基督教的神學家不斷地討論這句話裡的「今天」是什麼意思。其實，耶穌所說的「今天」指的就是現在。一個具有宗教精神的人沒有昨天，沒有明天，他只有今天。這個片刻就是所有的一切。當他對那個小偷說：「今天，你會和我同在神的國度裡。」事實上，他的意思是：「看著！你已經在了。就在這個片刻裡，透過你的感激，透過你感知到的這份天真和純淨，透過你的懺悔，過去已經消失了。我們此刻就在神的國度裡。」

一個具有宗教精神的人不會根據過去的觀念、理想、哲學、固定的概念而生活。他生活在這個當下。他根據他的意識來回應這個當下。他永遠都是鮮活的，他像春天一樣地鮮活，他是新鮮的，他不會因為過去而腐壞。

所以，如果你是一個門徒，你已經是一場革命了。一場革命要遠大於所有的革命分子。那些革命分子早已經停滯在某個地方。他們的河流已經凍結，不再流動了。而一個門徒永遠都是流動的。他的河流從不停止，它持續不斷地流動，流動著。門徒就是一種流動。

第5章 我能夠做些什麼

如果人類一直保持沉睡，如果人類一直保持無意識以及被催眠的狀態，那麼政客會一直保有力量，而教士也會持續地剝削你。如果人類變得清醒，那麼教士和政客是不需要存在的。國家和政府也不需要存在。教會、梵諦岡和教宗也不需要存在。人類對於這些事物的需求會消失。然後人類的意識會有一種全然不同的品質。

我們需要讓這種品質能夠出現。我們已經來到人類意識演化的關鍵點，這種新的意識有著無比的迫切性、無比的重要性，這種新的意識能夠讓人類免於政治與宗教。

問題　我能夠做些什麼，來協助這個世界成為一個較好的地方？就目前的狀況而言，政治上的行動似乎是這個世界上唯一一種能夠對抗不公正行為的方式。您蛻變的洞見裡是否也包含了政治性的行動呢？

我全然地熱愛著生命以及生命裡所有的一切。我的愛不排斥任何事情；它包含所有一切。是的，政治行動也包含在其中。這是所有包含事件裡最糟糕的一件事，但是我無能為力！不過，在我的洞見裡，所有一切包含的事情仍然是有區別的。

過去人類在生命的任何向度上都缺乏覺知。他愛過，但是他是毫無覺知地墜入愛裡，然後除了痛苦，愛沒有為他帶來任何事情。人類過去曾經做過各式各樣的事情，但是所有一切到最後都被證明像地獄一樣。所以，政治行動也是同樣的狀況。

所有的革命到最後都變成是反革命。現在是時候了，我們需要了解事情為什麼會變得如此，到底是為什麼？每一次的革命、每一次對抗不公平行為的抗爭，到最後它自己都會變得不公平，它都會變成是一種反革命？

二十世紀裡，這種情況一次又一次地發生，我所談的不是什麼遙遠的過去。這種情況在蘇聯和中國都發生過。如果我們持續按照舊有的方式運作，這種情況還會繼續地發生。缺乏覺知的行為無法帶來任何更多可能性。

當你沒有權力時，你比較容易為不公平而抗爭。一旦當你擁有權力時，你就忘掉了所有的不公平。這時候，以往那些被壓抑的欲望開始掌控並且維護起你的權力。這時候，你的無意識開始接管，你開始做著你的敵人曾經做過的同樣事情，也是你曾經掙扎抗爭的事情。儘管你曾經用生命去對抗它！

阿克頓（Acton，英國歷史學家，自由主義者）曾經說過：權力讓人腐敗。在某個向度上，這是事實，但是在另外一個向度上，這完全不是事實。如果你只看到事情的表面，那麼它是事實：權力確實讓人變得腐敗，不論是誰，當他變得擁有權力時，他變得腐敗。就事實而言，這是對的，但是如果你深入這個現象裡，那它是錯的。

權力不會讓人腐敗：是那些腐敗的人才會受到權力的吸引。這些人在他們還未擁有權力時，他們想做的事情超過了自己能力所及的範圍。但是一旦他們擁有權力時，他們以往被壓抑的頭腦開始堅持它自己。現在沒有什麼事情能夠阻礙他們了，沒有什麼事情能夠妨礙他們了；現在他們擁有權力了。所以，權力不曾腐敗他們，權力只是把他們的腐敗呈現到表面上來。腐敗一直像顆種子一樣地在那裡，只是現在它發芽了。權力只是證明了：現在這是它發芽的時機。對於那些腐敗的毒性花朵和不公平，權力就像是它的春天一樣。

權力不是腐敗的原因，而只是讓它表達出來的機會。因此我要說，在最根本的基礎上，阿克頓是錯的。

哪些人會對政治感興趣呢？沒錯，有些人因為美好的口號而進入政治，但是這些人後來怎麼了？史達林當初是為了對抗沙皇的不公平而參與政治的。但是後來發生了什麼事情呢？史達林自己變成了舉世聞名最大的一個沙皇，結果他比恐怖伊凡（Ivan the Terrible）還更糟糕。希特勒也常常談到社會主義。當初他的政黨名稱就叫做政府社會主義黨（Nationalist Socialist Party）。但是當他開始擁有權力時，他的社會主義怎麼了？它們全都消失了。

這同樣的事情也發生在印度。甘地和他的追隨者倡導無暴力、愛與和平，這些都是好幾世紀以來一直為人所崇尚的美德。然而當他擁有權力時，他逃掉了。甘地逃了，因為他開始覺知到如果他掌有權力的話，他將不再會是一個聖雄、一個聖人。而他那些掌控權力的追隨者後來全都被證明跟所有其他的政客一樣；而在他們掌權之前，他們全都是一群好人，一群人民的公僕，他們做過許多犧牲。從各方面說來，他們不是壞人；從任何方面說來，他們都是一群好人。但是即使是好人也會轉變成壞人，這是你需要了解的一件根本事情。

我想要人們能夠全然地活出自己的生命，但是有一個絕對的條件，一個明確的條件，這個條件就是：覺知與靜心。首先你深入靜心裡，好讓你可以清理自己無意識裡所有那些有毒的種子，讓那裡不再有什麼能夠變得腐敗，不再有什麼會因為權力而浮現。在那之後，你可以做任何你想做的事情。

如果你想要成為一個畫家，那就是成為一個畫家。你的繪畫會有一種不同之處；它不會像畢卡索的繪畫一樣。畢卡索的繪畫是瘋狂的，他自己是瘋狂的！事實上，如果他被禁止繪畫的話，他是會進瘋人院的。畢卡索是透過繪畫在進行發洩，他把自己的瘋狂丟在畫布上，他藉由這種方式來擺脫它們。是的，他因此而感覺好多了。因為那就像是嘔吐一樣；在你嘔吐之後，你會覺得好多了，但是對於那些看著你嘔吐的人來說，他們會怎麼樣呢？不過這個世界是如此的愚蠢，以致於當畢卡索嘔吐時，人們都會說：「多麼偉大的一幅畫啊！這是前所未有的繪畫。多麼獨特啊！」

梵谷是真的瘋狂了，以致於他後來必須住進醫院，最後他在那裡自殺了。那時候他還不到三十七歲。這裡，梵谷所創作出來的繪畫是什麼樣的一種繪畫呢？當然他非常具有藝術性，他是富有技巧的，但是這種藝術和技巧是掌握在一個神智不清又有著自殺傾向的人的手裡。當你看著他的繪畫時，你會有一種不安、不自在的感覺。如果你把畢卡索的畫放在臥室裡，你會做惡夢的！

一個靜心者可以成為畫家，但是他會畫出某種全然不同的東西，某種屬於超越性的事物，因為他能夠接收到它。一個靜心者可以成為一個舞者；那麼他的舞蹈會有一種新的品質，他的舞蹈裡會表達出某種神性。一個靜心者也可以成為一個音樂家……或者他可以從事某些政治上的行動，但是他的政治行動會根植於他的靜心。所以你不需要害怕這個世界上會出現另外一個史達林、希特勒或毛澤東；因為那是不可能的。

我不會告訴任何人他該走向什麼方向；我給予我的人全然的自由。我只教導他們靜心。我教導他們如何變得更為警覺，更為覺知，然後一切都取決於他們。不論他們的本性潛能是什麼，他們會發掘它，但是那必然伴隨著覺知而出現。這麼一來，不論出現的是什麼，那都不會帶來危險。

我不反對政治的行動，我不反對任何事情。我不是一個否定生命的人；我肯定生命，我絕對地熱愛生命。當然，當這個世界上有上百萬的人口時，政治或某些類似的事情是一定會出現的。政治不會突然消失不見。那就像是警察、郵局和鐵路一樣，如果這些東西消失的話，這個世界一定會變得非常混亂。我不是一個無政府主義者，我也不贊成混亂。我想要這個世界變得更為美好，更為和諧，更為完整，而不是變得混亂。

有時候我讚揚混亂，那只是為了摧毀那些已經腐壞的事物。有時候我也讚揚破壞，那也只是為了創造。是的，有時候我非常的負向，我反對保守、傳統和順從，但是這只是為了讓你自由，讓你能夠創造出新的視野、新的世界，讓你不會受到過去的束縛，讓你能夠擁有當下和未來。但是我不是一個破壞性的人。我的所有努力都是為了讓你變得更具有創造性。

在我的人裡面，有少數一些人是一定會從事某些政治活動的，但是只有當他們滿足了這個最基本的條件時，我才會支持這一點，只有當他們越來越警覺、覺知，當他們的內在充滿了光亮時，我才會支持這一點。

這麼一來，你可以做任何你想做的事情，而不會危害到這個世界。你會帶來一些好事，一些美好的事物。這麼一來，對於這個世界，你會是一項祝福。但是如果你不覺知的話，即使你做的是好事，它也會轉變成一種危害。

加爾各答的泰瑞莎修女獲得了諾貝爾獎。而這是一件非常蠢的事！諾貝爾獎的委員會過去從來沒有做過這麼愚蠢的事。但是從表面上看來，那看起來很好。他們受到世界各地的讚揚，因為他們做了一件很好的事情。

克里虛納穆提不曾獲得諾貝爾獎，而他卻是少數罕見的人類之一，他是少數可見的佛，他真的為世界和平奠定了一些基礎。但是得到諾貝爾和平獎的卻是泰瑞莎修女！這裡我實在不了解她為世界和平做了些什麼事情。葛吉夫也不曾得過諾貝爾獎，但是他曾經非常努力地蛻變人類的內在核心；拉瑪那・瑪哈希（Raman Maharshi，印度著名靈性大師）也沒有得到諾貝爾獎。因為他們的工作是不可見的；他們的工作重點在於為人類帶來更多的意識。當你把麵包帶給人們時，那是可見的，當你把衣服帶給人們時，那是可見的，當你把醫藥帶給人們時，那是可見的。但是當你把神性帶給人們時，那是絕對不可見的。

泰瑞莎修女所做的只是表面上的好事，服務加爾各答的窮、病、老、弱、寡婦、痲瘋病患、殘障和盲眼人士。她在做好事，這是非常明顯的事情！但是基本上，她所做的事情其實是向那些人提供一些慰藉。而安撫窮苦、盲人、痲瘋病患和孤兒其實是一種反革命的行為。因為安撫的意思是：你幫助他們適應這個現存的社會，接受目前的狀態。她所做的其實是反革命的。但是那會讓政府非常高興，那些有錢人會很高興，那些掌有權勢的人也會很高興，因為她其實不是在服務那些盲人和窮人。她其實服務的是那些既得利益者，她服務的是教士、政客和那些當權者；她協助他們繼續掌權。她創造出一種氣氛，讓那些舊有的事情可以持續下去。

在印度，這種對抗權力、有錢人和當權者的革命從來沒有發生過，理由很簡單，因為印度是一個所謂的宗教國家，其中有許多的慰問者。成千上萬的印度教和尚不斷地安撫民眾，向人們說明為什麼他們現在是窮苦的，為什麼他們會是盲人，為什麼他會殘障：這些全都是因為過去的業力！由於他們過去曾經做過壞事，所以他們現在會受苦。這些和尚不斷地教導人們：「靜靜的痛苦，不要反抗。如果你反抗，如果你再一次做些事情反抗這種狀況，那麼你下輩子會繼續再一次地受苦。不要錯過現在這個清償你債務的機會。這一次，表現好一點！」當然，成為一個革命分子不會是什麼好事，順從才是好事，所以不要反抗。反抗是邪惡的，它是有罪的。基督教把這稱為原罪。

亞當和夏娃有什麼罪呢，就只是因為他們違背了神嗎？那看起來不是多麼大的罪刑。吃下智慧之樹的果實也不是什麼罪。為什麼那要被稱為原罪呢？它之所以被稱為原罪，是因為他們不順從。「不順從」在教士的眼中是最大的罪行。

在印度，上千年來教士和和尚都一直教導人們：「順從這個當權的系統。不要反抗；否則你未來會繼續受苦。」因此印度從來沒有發生過任何一場革命。結果這些和尚和教士居然還得到人們極力的讚揚。

現在，基督教的傳教士也在世界各地做著同樣的事情：服務窮人以及殘障人士。他們告訴這些窮人：「靜靜的受苦，這是神所創造出來的，這是對你的一種測試。你需要經歷這場火焰，唯有如此，你才會成為純粹的金子。」基督教的傳教士是反革命的。

他們為什麼要服務這些窮人呢？那是因為貪婪，因為他們想要進入天堂，而唯一進入天堂的方是就是透過服務。有時候我在想，如果這個世界上再也沒有任何的殘障人士、盲人和窮苦人士，這些傳教士會發生什麼事？他們要怎麼樣才能夠進入天堂呢？他們的階梯消失了！他們會錯過那艘船，他們再也沒有機會到達彼岸。所以這些基督教的傳教士必然會希望貧窮能夠持續下去，他們會希望地球上仍然有著窮苦人士。因為人們越是貧窮，服務的機會也就越多，然後能夠進入天堂的人也會變得更多。

把諾貝爾獎頒給泰瑞莎修女其實就是在讚揚這種反革命的行為。

但是事情一直都是這樣的：你讚揚的這些人，他們某種程度來說肯定這個老舊而死寂的社會，他們協助這個社會保持原狀。

我的工作是無形的。事實上，以一種間接的方式，我教導你的是一種最偉大的革命。我教導你叛逆，而這項叛逆是多樣化的。不論你去到哪裡，這份叛逆都會帶來某些影響。如果你進入詩的領域，你會寫出叛逆性的詩。如果你進入音樂裡，你會創造出一種新的音樂。如果你舞蹈，那麼你的舞蹈裡會有一種不同的滋味。如果你進入政治，那麼你會改變政治行動所具有的整個面貌。

我不反對政治行動，但是到目前為止的政治行為是全然沒有意義的。因此從表面上看來，沒有人看過我涉入任何一種政治行動，沒有人看過我參與任何一種世俗的活動。我教導人們靜坐，教導他們觀照自己的思想，脫離頭腦。那些愚蠢的革命分子會認為我是反革命的，他們會認為我是一個保守派。但是事情剛好是相反的。由於他們的愚蠢，即使他們嘴裡談著革命，但是他們所作所為仍是保守的。他們只會讓社會更為倒退。

我沒有從事過任何可以被稱為政治化和社會化的活動，我不贊成社會改造和政治行動。至少，在表面上我看起來像是一個避世分子，而且我還協助人們避世。是的，我是協助人們逃離他自己。逃離各式各樣不智的行為。我教導人們，先讓自己的聰慧能夠變得敏銳。讓一種莫大的喜悅能夠從內在升起。讓自己變得更為覺知，以致於內在不再有任何黑暗的角落。讓無意識能夠蛻變成意識。

在這之後，你可以做任何你想做的事情。就算是你想要下地獄，你也可以帶著我的祝福而去，因為你將能夠蛻變那個地獄。

不，靜心者不會到天堂去的。然而，不論他們去到哪裡，他們都在天堂裡，不論他們做些什麼，那都會是神性的。

但是，人們需要時間才能夠了解這種全新的方式。

問題　叛逆者和革命分子有什麼差別嗎？

叛逆者和革命分子之間不僅是數量上的區別，他們還有著品質上的差異。革命分子是屬於政治世界裡的一部分。他的方式是透過政治進行改變。他認為：只要改變了社會結構，就足以改變人類。

而叛逆者是一種靈性上的現象。他的方式是絕對個體性的。他擁有一種視野：如果我們想要改變社會，我們需要先改變個體。基本上，「社會」並不是一個真實的存在；它只是一個名詞，就像「群眾」一樣，但是如果你去尋找它，你不會在任何地方找到社會。不管你在哪裡遇到某個人，你遇到的都是一個個體。社會只是一個集合性的名稱，它只是一個名詞，而不是一個實體，它沒有任何實質性。而個體擁有靈魂，他擁有發展、改變和蛻變的潛能。所以這兩者有著巨大的差異。

叛逆的人是宗教的根本。他讓這個世界上的意識有所轉變——當意識轉變時，社會架構也注定會跟著改變。但如果事情相反過來就不對了。所有曾經發生過的革命都證明了這一點，因為所有的革命都失敗了。

沒有任何一個革命曾經成功地改變過人類；但是人類似乎沒有注意到這個事實。人類還是不斷地思考著關於革命、改變社會、政府、官僚體制、法律和政治體系等事情。

不論是封建制度，資本主義，共產主義，社會主義還是法西斯主義，它們都曾經用自己的方式發動過革命。但是它們全都失敗了，徹底地失敗了，因為人類沒有任何的改變。

佛陀、查拉圖斯特拉和耶穌這些人才是叛逆者。他們信任的是個體。他們也未能成功，但是他們失敗的原因和那些革命分子的原因完全不同。那些革命分子曾經在許多國家嘗試過許多方式來試驗他們的想法，而他們都失敗了。而佛陀之所以沒有成功，那是因為他從來不曾嘗試過。耶穌不曾成功，那是因為猶太人把他送上了十字架，基督教徒掩埋了他。他也不曾嘗試過——他從來沒有機會去嘗試。叛逆者的方式仍然是一個未曾實驗過的向度。

我的門徒必須是叛逆的，但不是革命分子。革命分子是非常平庸的一群人。叛逆者和他所具有的叛逆性是神聖的。革命分子無法是單獨的，他需要群眾、政黨和政府。他需要權力，而權力帶來腐化——絕對的權力帶來絕對的腐化。

所有成功奪得權力的革命分子都受到權力的腐化。他們無法改變權力及相關的制度；相反地，權力改變了他們和他們的頭腦，並且讓他們變得腐化。所以真正改變的只是名稱而已，社會還是原來的社會。

人類的意識成長已經停滯了好幾個世紀。只是偶爾一兩個人曾經開始綻放過。但是，在上百萬的人口中裡偶爾有一個人得以開花綻放，那並不是什麼特殊法則的關係，那純粹是一種意外。而且因為這個人是單獨的，所以大部分的人無法容忍他。他變成像是一種羞辱；他的存在變成是一種侮辱，因為他打開你的雙眼，讓你覺知到你的潛力和未來。而這讓你的自我感到受傷，因為你不曾做過任何事情讓自己能夠有所成長，能夠讓自己變得更有意識、更有愛心、更加喜悅、更具有創造力或是更加寧靜，你也不曾讓自己周圍的世界變得更為美好。

你不曾為這個世界作出任何貢獻，你的存在對於世界不是一項祝福，而是一種詛咒。你把你的憤怒、暴力、嫉妒、野心和權力欲望帶入這個世界。你把世界變成一個戰場；你是嗜血的，你也把他人變得殘忍嗜血。你讓人類喪失了人性。你讓人類墮落到低於人類以下的狀態，有時甚至比動物還低下。

所以佛陀、卡比爾和莊子會讓你感到受傷，因為他們已經開花綻放了，而你還在停留在原處。春天來了又走，你的內在沒有任何綻放；也沒有任何鳥兒會來到你身邊，築巢與歌唱。所以，你最好還是毒死蘇格拉底，並且把耶穌送上十字架，只要你除掉他們，你就不會感受到任何靈性上的自卑感。

這個世界上只有少數的叛逆者。

不過現在是時候了：如果人類無法產生大量的叛逆者——叛逆的靈魂——那麼我們在這個地球上的日子也就屈指可數了。這個世紀或許會成為我們的墳墓。我們越來越接近這樣一個時刻。

我們必須改變自己的意識，為這個世界帶來更多靜心的能量，創造出更多的愛。我們需要摧毀舊有的人類以及他的醜陋、他腐朽的意識形態、愚蠢的歧視和迷信，創造出一種新的人類，擁有清新的雙眼以及嶄新的價值觀；叛逆的意思指的就是切斷和過去的聯繫。

這裡有三個字眼能夠幫助你了解……。

改革的意思指的是一種修飾。你保留舊的事物，你只是給它一種新的形式，新的形狀，那就像是重新裝潢整修舊的建築物。你保留它的原始結構；你重新粉刷它，你清理它，裝上一些新的門窗。

革命的意思比改革要進行的更深入一點；你還是保留舊的事物，但是你引進了更多一點的變化，你甚至會改變它的基本結構，你不只是換上新的顏色，換上新的門窗，你或許會多蓋幾層樓，讓它高聳入雲霄。但是你沒有摧毀舊的架構，它仍然隱藏在那些新事物的後方；事實上，它成為那些新生事物的基礎。革命延續那些舊有的事物。

叛逆是一種分離。它不是改革，它不是革命；它就是切斷了你和過去的所有聯繫。不論是舊有的宗教，舊有的政治意識形態，舊有的人類。你讓自己脫離所有一切舊有的事物。你重新開始生活，你完全從頭開始。而除非我們準備好讓人類重新開始生活，就像是新生一樣，讓舊有的得以逝去，讓新的得以誕生……。

你需要記住很重要的一點：當佛陀誕生時，他的母親過世了；當他脫離子宮時，他的母親就離去了。這或許是事實，因為佛陀是由他的阿姨所撫養長大的；他從來沒有見過他的生母。現在，這已經成為佛教的一種傳統觀念，每當一個佛誕生時，他的母親會立刻過世，他的母親無法活下來。我把這當成一種重要的象徵。它意味著叛逆者的誕生就是舊有的死亡。

革命分子試圖改變那些舊有的事物；而叛逆者則是脫離那些舊有的事物，就像蛇蛻掉舊皮，永不回顧。除非我們在世界各地創造出這樣的叛逆者，否則人類是沒有未來的。舊有的人類已經讓人類來到他最終的死亡。舊有的頭腦、舊有的意識形態以及舊有的宗教，它們聚集在一起，讓人類來到這種全球性的自殺。只有新人類能夠拯救人類、這顆星球以及這顆星球上所有的美好生命。

我教導叛逆，而不是革命。對我來說，叛逆性是一個真正宗教人士的根本品質。這是靈性最純粹的狀態。

革命的歲月已經結束了。法國革命失敗了，俄國大革命失敗了，中國革命也失敗了。在印度，我們看到甘地的革命失敗了，而且甘地也親眼看到它的失敗。甘地一輩子都倡導非暴力，但是他親眼看著印度分裂；上百萬的人被殺死，被活活燒死；上百萬的女人被強暴。最後甘地自己也被槍殺了。對於一個非暴力的聖人而言，這真是一個奇怪的結局。

是他忘記了自己所有的堅持。在他的革命成功之前，有一個叫做路易斯・費雪的美國思想家問過他：「當印度成為一個獨立國家之後，對於這些武器、軍隊以及各種各樣的武裝，你要拿他們怎麼辦？」

甘地說：「我會把所有的武器都扔進大海，然後讓所有的軍隊到農田和花園裡工作。」

路易斯・費雪問：「但是你忘記了嗎？有人會侵略你們的國家。」甘地說：「我們會歡迎他。如果有人入侵，我們會像客人一樣迎接他，並且告訴他：『你可以在這裡生活，就像是我們一樣。我們不需要戰爭。』」

不過他完全忘記了自己的哲學，他的革命就是這樣失敗的。你可以說出這些美好的話語，但是當你握有權力時……第一，甘地沒有接受任何政府裡的職位。這是因為他的恐懼，因為一旦他掌權的話，他要怎麼回答全世界的質疑呢？他把武器扔進大海嗎？他要把軍隊派去田地工作嗎？他逃離了他奮鬥一生的責任，因為他看到這會帶來巨大的麻煩；他必須妥協他的哲學。

不過當時的政府是由他的門徒所組成的，那些人是他所選擇的。他沒有叫他們解散軍隊，相反地，當巴基斯坦攻打印度時，他沒有對印度政府說：「現在去邊界，像迎接客人一樣迎接那些侵略者。」他沒有這樣做，他反而祝福了第一批前去轟炸巴基斯坦的飛機。這三架飛機飛過他新德里的住宅時，他還走到花園裡祝福他們。他們帶著他的祝福前去摧毀印度自己的人民，不久之前，那些人還被他稱為兄弟姊妹。可恥的是，他從來不曾看到這其中矛盾……

俄國大革命就在列寧的眼前失敗了。他根據馬克思的思想進行宣導：「當革命成功時，我們會消除婚姻，因為婚姻是私有財產的一部分；當私有財產消失時，婚姻也會消失。人們可以成為愛人而生活在一起；孩子會由社會所撫養。」

然而當革命成功時，他看到一個很大的問題：撫養這麼多的孩子……誰要來照顧這些孩子呢？而且還要消除婚姻……那是第一次，他看到社會對於家庭的依賴。家庭是社會的基本單位，沒有家庭，社會也就消失了。而那非常的危險，讓無產階級執政是危險的，因為如果人們沒有了家庭的責任，他們會變得更為獨立。

你可以看到這其中的邏輯。如果人們肩負起對妻子、年邁雙親和孩子的責任時，他們的負擔很沉重，這時候他們無法是叛逆的。他們不可能反對政府，因為他們有太多的責任了。但是一旦人們沒有責任了，如果老人由政府所照顧——就像他們革命前所承諾的——如果孩子由政府撫養，人們只要彼此相愛就可以生活在一起，不需要婚姻，也不需要離婚；這是他們之間的私事，政府不會介入……

但是當共產黨掌權時，列寧是當時的領袖，所有一切都不一樣了。一旦他們掌權了，他們的想法就不同了。他們現在認為讓人們免於責任是很危險的一件事，因為人們會變得非常獨立而具有個體性。所以最好還是讓他們扛著家庭的責任。這麼一來，人們會持續地被奴役，他們必須照顧自己年邁的雙親、生病的妻子，照顧孩子以及他們的教育。這麼一來，他們不會有時間和勇氣來反對政府。

千年以來，家庭是社會用於奴役人們的陷阱之一。所以列寧完全忘記了關於解除家庭制度這回事。

所有革命失敗的方式總是非常的奇怪。因為它們都是在革命分子的手裡失敗的。因為一旦他們開始掌有權力時，他們的思考方式變得跟之前完全不一樣。他們開始執著於權力。然後他們所有的努力都在於如何永遠地保有權力，還有如何持續地奴役人們。

未來不需要任何革命。未來需要的是一種未曾嘗試過的新實驗。雖然上千年來，曾經有一些叛逆者出現，但是他們始終是單獨的個體。也許是時機尚未成熟。但是現在，不僅時機已經成熟了……如果你不加快速度的話，人類就再也沒有時間了。

在接下的幾十年裡，如果人類不曾消失，那麼一種擁有新視野的新人類會開始出現在這個地球上。而他會是個叛逆者。

問題

難道開悟意味著一個人再也不會關注人類的狀況嗎？像是人類所面臨的飢荒、貧窮、痛苦的生活環境，還有個人能力以及才能難以獲得發展等狀況？

事實上，在你能夠放掉自己的問題之前，你沒有辦法擁有一個正確的視野來了解這整個世界的問題。你自己的家已經是一團混亂，你自己的存在已經是一團混亂，你怎麼能夠擁有一個正確的視野來了解這麼龐大的一個問題呢？你甚至都還不曾了解你自己。因此，你需要從自己身上開始，如果你從任何其他地方開始的話，那都只會是一個錯誤的開始。

但是一些頭腦極度困惑的人卻開始協助他人，開始提出解決的方法。這些人在這個世界上製造出來的問題要比他們解決的問題多得多。這些人才是真正的挑撥者。那些所謂的政客、經濟學者、公僕和傳教士，這些人才是真正的挑撥者。他們還沒有解決自己的問題，然後他們已經準備好介入他人的領域，去解決其他人的問題。事實上，他們透過這種方式來避免自己的真實狀態，他們不想要面對自己的真實狀態。他們寧願持續忙碌於其他的人、其他的事物，這讓他們能夠充分地忙碌、好好地分神。

記得：你是這個世界的問題。你就是問題，而除非你被解決了，不然不論你做些什麼，都只會讓事情變得更為複雜。所以，先把你自己的家整理好，在那裡創造出一種秩序；它現在都還一團混亂。

有一個古老的印度寓言，那是一個非常古老的故事，但是非常的重要。

有一個很重要但是很笨的國王抱怨地面的粗糙傷到了他的腳，所以他命令所有人用皮毛地毯來覆蓋地面，保護他的腳。但是宮廷裡的愚者嘲笑他，這個愚者其實是一個智者，他說：「國王這種主意是非常荒謬的。」

這個國王非常生氣地對他說：「那你告訴我一個比較好的方法，否則我就判你死刑。」

這個愚者說：「陛下，請切下一小塊的毛皮，包裹在你的腳上。」所以，鞋子誕生了。

不需要用毛皮覆蓋全世界；只要包裹住你的腳，這整片地面就已經受到覆蓋了。而這就是智慧的開始。

是的，確實有一些問題存在，我同意。這個世界上有一些巨大的問題存在。生命是如此地一場煉獄。其中到處都充斥著痛苦、貧窮、暴力和各式各樣的瘋狂，這都是事實，但是我仍然要堅持一點：問題源自於個人的靈魂。問題之所以存在是因為每一個人都處在混亂當中。這整個混亂其實只是一個加總的現象，我們每個人都把自己的混亂傾倒於其中。

這個世界就是由各種關係所組成的；我們彼此互為關連。我是神經質的，你是神經質的：然後我們之間的關係變得非常非常地神經質，那是多重的神經質，而不只是加倍而已。而且每個人都是神經質的，因為這個世界是神經質的。希特勒不是憑空誕生的，他是我們所創造出來的。越南不是憑空發生的，那是我們創造出來的。那是我們的過去開始呈現出來；那是我們的混亂開始發揮作用。這個源頭開始於你：你是這個世界的問題。所以不要避開你自己內在世界的真實，這是第一件事情。

你問說：「難道開悟意味著一個人再也不會關注人類的狀況嗎？」

不，事實上只有當一個人開悟後，他才會真正地關注人類。但是他所關注的部分和你全然不同：他看到的是事情的根源。目前的你，當你感興趣的時候，你所關注的是症狀。而當一個佛或是基督感興趣的時候，他所關注的是根源。你可能不會同意這一點，因為你沒有辦法看到根源，你只能看到症狀。一個開悟的人會關注人類的情況，但是他知道根源在哪裡，而且他會試著改變那個根源。

貧窮不是根源，貪婪才是根源。貧窮只是結果。你不斷地對抗著貧窮，但是那不會帶來任何變化。貪婪才是根源；貪婪需要被連根拔起。戰爭不是問題，個人內在的攻擊性才是問題，戰爭只是個人攻擊性的總和。你不斷地示威抗議，但是戰爭不會因此而停止。你的示威抗議，你所做的一切都不會有什麼作用，你可以享受其中的樂趣。事實上，有一些人非常喜歡示威的樂趣；你往往可以在各個示威遊行裡發現他們。不論在哪裡，你都會發現他們在抗議著；他們在世界各地不斷地喧囂著，抗議著所有的事情。抗議是有趣的，人們享受這種樂趣。

在我的童年裡，我經常享受示威遊行的樂趣。我會出現在每一個遊行裡，甚至連我鎮上的老人都開始擔憂起來，他們說：「你到處跑，不論那是共產主義遊行還是社會主義遊行還是反共主義……你都會出現在遊行隊伍裡。」我說：「我享受遊行的樂趣。我一點也不關心遊行的政治哲學，光只是吼叫就充滿了樂趣；我喜歡這種活動。」你可以享受示威遊行；但是那不會帶來多少改變，戰爭依然會持續。而且如果你看一看那些示威者，你會發現他們很多人都非常具有攻擊性，你不會在他們臉上看到多少祥和感。他們隨時準備好爭戰。和平示威遊行隨時都可能會轉變成一場動亂。他們是一群具有攻擊性的人，他們藉由和平的名義來展現他們的攻擊性。他們隨時準備好攻擊，如果他們擁有力量，如果他們擁有原子彈，他們甚至會投下原子彈來創造和平。這就是所有政客一直以來所說的話：他們是為了世界和平而戰，

問題不在於戰爭，就算是伯特蘭・羅素的和平運動也沒有帶來什麼幫助。因為問題在於個人內在的攻擊性。人們無法平靜地自處，所以戰爭會爆發，否則人們會變得瘋狂。每隔十年，這個世界就需要爆發一場戰爭，來釋放人們的神經質。你或許會很驚訝地知道，從第一次世界大戰開始，心理學家注意到一個罕見而奇怪的現象。只要戰爭還持續著，人們發瘋的比例幾近於零。沒有人會自殺，也沒有什麼謀殺事件，人們甚至不再發瘋了。這實在很奇怪，這些事情跟戰爭有什麼關係呢？或許，沒有謀殺事件是因為那些殺人的人都加入軍隊了，但是那些自殺的人呢？或許他們也加入了軍隊，但是那些

發瘋的人呢？連他們都停止瘋狂了？而且第二次世界大戰期間，這同樣的情況又再一次出現了，而且比例還非常明顯；所以他們發現了其中的關連性。

人們持續地累積某種神經質與瘋狂。所以每十年，這些累積起來的東西需要被清除。而當戰爭發生時——戰爭意味著人類集體發瘋——個人就不需要發瘋了。這是什麼意思呢？這意味著所有人都瘋了，所以個人就不需要瘋狂了。當一個國家謀殺另一個國家時，其中有著這麼多的自殺和謀殺，你還需要自己來謀殺某個人嗎？你可以就是看著電視享受，透過觀看報紙，你可以擁有那種刺激感。

問題不在於戰爭，問題在於個人內在的神經質。

一個開悟的人會深入事情的根本原因。佛陀、基督和克里希納，他們都看到了事情的根源，然後他們都試著告訴你：要改變這個根源，一場巨大的蛻變是需要的；普通的改革是不會有什麼作用的。但是你沒有辦法了解他們的意思。因為我就在這裡，我在這裡談論靜心，而你沒有辦法看到這其中的關連性，你認為靜心怎麼會和戰爭有關連呢？我看得到其中的關係，但是你看不到。

我的了解是：即使只有百分之一的人類變得靜心，戰爭都會因此而消失。除此之外，沒有其他的方式了。人們需要這麼多的靜心能量。如果有百分之一的人類變得靜心——那意味著一百個人裡會有一個人變得靜心——那麼事情會變得全然不同。這個世界上的貪婪會減少；很自然地，貧窮也會減少。貧窮之所以存在是因為事物的不足；貧窮之所以存在是因為人們的囤積、人們的貪婪。如果我們生活在當下，我們會擁有足夠的物資，這個地球能夠提供足夠的物資。但是如果我們計畫未來，我們開始囤積的話，那麼問題就出現了。

就是想像一下：如果鳥兒囤積的話……那麼有少數的鳥兒會變得富有，有少數的鳥兒則會變得貧窮；然後美國鳥會變成一群最富有的鳥，而全世界其他的鳥兒則會受苦。但是鳥兒不會囤積，所以它們沒有貧窮這回事。你曾經見過貧窮的鳥兒嗎？森林裡的動物，沒有誰是貧窮的，也沒有誰是富有的。事實上，你甚至找不到肥胖的鳥兒或是細瘦的鳥兒。所有的烏鴉幾乎都是一樣的；你幾乎沒有辦法區辨誰是誰。為什麼呢？因為它們享受，但是牠們不囤積。

甚至連肥胖都意味著你在身體裡囤積著，這是出於一種吝嗇的頭腦。吝嗇的人會便祕；他們甚至無法排泄出自己的廢棄物。他們囤積；他們連糞便都要控制，他們不斷地囤積，他們甚至連垃圾都要保留著。囤積已經變成了他的一種習慣。

就是生活在這個當下裡，生活在這個片刻裡，生活在友善當中，保持著一份關懷……這麼一來，這個世界會變得全然不同。真正需要有所改變的是個人，因為這個世界不過是個靈魂的投射現象而已。

所以，一個開悟的人會關注這些事情——只有開悟的人才會關注——但是他所關注是完全不同的向度。你甚至沒有辦法理解。人們到我這裡對我說：「你在這裡做什麼？這個世界上有這麼多貧窮和醜陋，而你卻一直在教導靜心。你應該停下來。為這些窮人做些事情。」但是你沒有辦法直接對貧窮做任何事情。只有當這個世界擁有足夠的靜心能量，人們能夠享受當下時，貧窮才會消失。共產主義沒有辦法摧毀貧窮；不論在哪裡，它都不曾真的摧毀過貧窮。它只是創造了一種新的貧窮，一種更大、更危險的貧窮。現在，蘇聯要比過去變得更為貧窮，因為人們甚至失去了靈魂。現在，那裡的人再也不是個體了，他們甚至沒有祈禱和靜心的自由。

這種方式不會有什麼幫助的，這只是一種摧毀。那些人是不切實際的社會改造者，你要避開他們。

你說：「難道沒有任何絲毫的空間能夠發展個人的天賦和能力嗎？」事實上，不需要刻意去發展這些能力；它們會自行發展的。當一個人靜心時，他會開始綻放。如果他是一個畫家，他會成為一個偉大的畫家。如果他是一個詩人，那麼無比的詩意會突然間從他的靈魂中升起。如果他是一個歌者，那麼他會第一次歌唱出最貼近他內心渴望的歌曲。不，你不需要做任何努力。當你寧靜下來，深植於你自己的內在、回歸自己的中心時，你的天賦會突然開始發揮作用。你會開始按照存在想要你的方式發揮著自己的能力。你會開始按照你與生俱來的方式發揮著自己的能力，你會開始按照命運想要的方式發揮著自己的能力。你會是自發性的。你開始做著自己的事情，而且你毫不在意自己的作為是否會得到報酬，是否會得到聲望。你所做的事情讓你感到快樂，而那就夠了。你所做的事情讓你感到無比的喜悅，而那就萬分的足夠了。

靜心會釋放你的能量，然後你不需要做任何其他事情了。而一個已經開悟，已經來到終極狀態的人，他還需要做些什麼嗎？他的存在就像神一樣。他是一個充分綻放的個體。他已經來到了最終極的綻放，現在，他再也不需要做任何事情了。他的每一個片刻是創造性的，他的每一個姿勢都是創造性的，他的整個人生是優雅的。

但是，總是有些人喜歡繞圈子：他們想要先改變這個世界，然後他們才會把能量帶回到自己身上。但是，讓我告訴你，如果你走得那麼遠，那麼你永遠不會回來自己身上。

我曾經聽說過……有一個老人坐在德里的附近，然後有一個年輕人開車經過。他停下來問這個老人說：「德里還有多遠？」這個老人說：「如果你繼續按照這個方向走下去，它非常非常地遙遠。你會需要經過整個地球……因為德里就在你的後面，在你背後兩分鐘路程的地方。」

如果你轉身，那麼它並不遠，不過只是兩分鐘而已。如果你去改變全世界，然後你認為在那之後你會改變自己，那是永遠不會發生的；你永遠不會回到你的家裡來。

就是從你所在的地方開始。你是這個醜陋世界裡的一部分。透過改變你自己，你會改變這個世界。

你是什麼呢？你是這個醜陋世界裡的一部分。為什麼要試著去改變你的鄰居呢？他可能不喜歡改變，他可能不想要改變，他可能毫無改變的興趣。如果你意識到這個世界需要一種巨大的改變，那麼，你自己是你最接近的世界，先從你自己開始。

但是，總是有一些人非常地哲學化。他們沉思，然後他們會繞上一大圈的遠路。我曾經看過里歐．羅斯汀一本很美的書叫做《猶太人的喜悅》(*Joys of Yiddish*)。他提到一個叫做索科洛夫(Sokoloff)的偉大猶太哲學家。他總是習慣在第二大道上的某一家餐廳裡用餐，而且他永遠都是從一碗雞湯開始。有一天晚上，索科洛夫把服務生叫了過來，他說：「來這裡嚐嚐這碗湯。」這個服務生抗議說：「經過二十年後，你開始質疑起我們完美的雞湯？」索科洛夫重複說：「過來嚐一嚐這碗雞湯。」那個服務生讓步地說：「好吧！好吧！我會嚐一嚐，但是湯匙在哪裡？」然後索科洛夫大聲地說：「啊哈！」

他其實只是想要說：「我少了一根湯匙。」可是他繞了這麼大的一圈：「嚐嚐這碗湯……」不要繞圈子，不要這麼地哲學。如果你少了一根湯匙，就直接說你需要一根湯匙。一根湯匙就可以解決問題了。而一個人需要的就只是一湯匙的靜心而已。

問題

我曾經聽你說宗教和政治是相反的兩個向度，一個真正具有宗教精神的人不會對政治感興趣，而一個政客只要他還是政客，那麼他永遠也無法變得具有宗教精神。如果這是事實的話，是否這個世界永遠不會變得更好？

我曾經說過，而我要再重複一次：一個真正具有宗教精神的人不會對政治感興趣。而一個政客，當他還是一個政客時，他沒有辦法擁有任何真正宗教性的經驗，或是品嚐到遨翔在未知裡的滋味。但是我從來沒有說過：我們不可能擁有一個更好的世界。

一個政客沒有辦法變得具有宗教精神，這是事實，而它的理由很簡單，所有的政客，任何一種政客，都是權力的政客。那是一種權力意志。他想要操控，他想要佔有，他想要成為人們生命裡的決定因素。而這些都是自我所具有的品質。很明顯的，這種類型的人沒有辦法具有宗教精神，因為基本上，真正的宗教精神指的是一種「沒有自我」的經驗。

在宗教裡，沒有權力意志存在的空間。事實上，在宗教裡甚至沒有意志得以存在的空間。所以就更不用說權力意志了；宗教裡甚至沒有「存在的意志」。一個人他就是身處於存在的手裡，在一種深深的臣服和放下之中。這種臣服和放下就是我所說的宗教精神。這就是為什麼我會說，宗教和政治是截然相反的兩個向度。

但是你不需要擔憂；這並不表示人類是沒有希望的，沒有未來的。我是一個在希望渺茫之際都懷抱著希望的人。要我變得無望(hopeless)是不可能的一件事。每當有一個希望存在時，你總是可以找到一條路。有一句諺語說：「哪裡有意志力，那裡就有道路。」我不認為這是正確的。不論哪裡有著意志，那裡就沒有道路可言。這個諺語大概是由某個笨蛋創造出來的。但是，每當希望存在時，你總是可以找到一條路。

我想要改變這句諺語。我沒有權力改變任何事情，但是我是個瘋子，你拿我無能為力。我不斷地改變字眼的意義，只因為我覺得沒有任何字眼有什麼根本上的意義。所有的意義都是被人們所給予的。如果有人給了某個字眼一個意義，為什麼我不能也給它一個意義呢？字眼本身就只是聲音而已。一個字眼的意義在於你想要它有著什麼樣的意義，那完全取決於你。所以，我想要改變這句古老的諺語。

對於那些了解我的人而言，意志是一種毒素，因為意志最終會帶領人們來到政治。意志的意思是：「我想要成為些什麼，我想要到達某個地方，我想要成為某個人物。」

我教導你「無意志（will-lessness）」；而這就是我所謂放下、臣服的意思。意志是緊抓不放的，意志想要強行走出它的路；它想要存在來跟隨它。

當我說「無意志」的時候，我其實是在對你說：不要強迫。就是讓自然按照它自己的方式來進行。你就只是一片雲。不論風吹向哪裡，雲就是移動著，它毫不抗拒，毫不抱怨，它不會說：「我想要往南邊走。而現在這是怎麼一回事？我居然正在往北邊飄，我討厭這一點！我的目標是南方，我夢想的是南方，結果所有一切都被這陣風給破壞了。」

不，這朵雲只會隨著風而移動。其中沒有衝突，沒有抗拒。風和雲不是分離的兩回事。如果風突然改變了它的方向，突然由往北的方向變成往南的方向，或是變成往東或是往西，這朵雲甚至不會質疑，它不會說：「這是前後不一的。我們正在往北方走；那是我們之前同意的方向，雖然我原來的目標是在南方。我已經犧牲了我的目標來配合你。現在，這實在太過分了！我已經配合你往北的想法了。而你根本就是個瘋子！你現在居然開始往東或是往西移動，這是前後不一的。這一點也不友善，這不是愛人之間的方式。」

「這是一種分離，我沒有辦法總是當一個跟隨者：你去哪裡，我就去哪裡。我不是一個怕老婆的先生。如果你要下地獄，你去吧！我不會跟隨你的。」

不，雲甚至不會質疑風這種前後不一的狀況。雲是沒有意志的；所以其中沒有衝突，沒有問題，沒有懷疑。它把風的方向當成是存在的方向，當成是存在所要的方向。所以雲處在一種無比的臣服與放下裡，它沒有自己的意志。它不是一個政客，它也沒有辦法成為一個政客。

一個具有宗教精神的人不會對政治感興趣，理由很簡單，因為他沒有任何目標，他已經達成了。他已經在政客試著到達卻永遠也無法到達的地方，政客無法到達那裡，因為那是事物原本的狀態。

一個具有宗教精神的人已經在那裡了。他並不是到達了那裡，而是他已經發現他一直就在那裡，他一直一直都在那裡，從最初始的時候就是如此；他從來不曾離開過。甚至即使他想要移動，那都是不可能的。他只能在他所在的地方，他無法到達任何其他地方去。

你怎麼能夠離開你自己，離開你的存在呢？沒有任何事情要比你的存在更為高遠，沒有任何事情比它更為喜樂。

而且他也不需要離開自己。

因此，一個具有宗教精神的人不可能對政治產生興趣，因為政治的方式是違反流動、違反自然的。政客試著讓自己高高在上；不論那需要付出什麼樣的代價，不論他需要用到什麼樣的邪惡手段，那都不重要。唯一重要的是，他決定要成為某種重要的人物；他要在歷史上留下他的名字。雖然，從來沒有人真的在意過那些歷史上的名字。

當歷史變得越來越長的時候——而且歷史還每天都不斷地增加——那些原本巨大的名字會變得越來越渺小。很自然地，那些原本突出的名字會不斷地從書頁裡掉落到註釋那一欄。即使，他們曾經統治過這個世界。

成吉思汗是有史以來最大的帝王。他所統治的範圍從亞洲這一端到歐洲的另一端；兩大洲都曾經在他的掌握裡。他當時被稱為天可汗(The Great Khan)。但是現在，如果你看一看世界歷史，你會發現他的名字只出現註釋裡。歷史遲早會變得越來越多。一開始，你會從書頁裡下滑到註釋裡，在那之後，你會開始從註釋裡消失。所謂的在歷史上留名就像是在沙上寫下自己的名字一樣。

我有一個歷史老師，他曾經一次又一次地說——他幾乎對每個人都這樣說——「在歷史上留下你的名字。用黃金般的字體寫下你的名字。你要留下你曾經存在的痕跡。」

當我第一天進入教室時……通常，老師在第一天上課時都是最棒的。他當時很努力地試圖在學生心裡留下深刻的印象，因為第一印象往往也是最後的印象。所以他當時處於他的顛峰狀態，他不是說話，他根本就是大吼了。他說：「你必須在歷史上留下你的名字，你的名字必須是用黃金般的字體所書寫。你必須留下痕跡，證明你的存在。」那時候，我再也沒有辦法忍受了。

我站了起來，我說：「你吼的太大聲了，這裡只有四十個學生而已。你這是試著在教室的牆壁上、桌子和椅子上留下你的名字嗎？你吼叫的聲音就好像你在對上萬人講話一樣！我可以提出幾個問題嗎？」

「第一，我從來沒有看過任何歷史書籍是用金色的字體書寫的。到目前為止，所有曾經活過的人，沒有人能夠用金色的字體寫下自己的名字。你是否建議——至少我是這麼認為——歷史書籍應該要用金色的字體來書寫？但是，就算它真的是用金色的字體，我也看不到自己的名字；所以我的名字是否出現在歷史上有那麼重要嗎？」

「事實上，當我來到這個世界的時候，我是沒有名字的。名字是別人給我的；名字不過是一種隨意的發生，它不是我的。所以，這個名字是否用金色的字體寫在歷史上一點也不重要。」

「第二，你說：『留下你的痕跡，證明你曾經存在過。』你說話的方式就像一隻狗一樣。」

他說：「什麼！」

我說：「沒錯，因為狗不論到哪裡都會留下痕跡。牠們會抬起腿來留下痕跡。當我這樣說的時候，我純粹只是陳述一個生理上的事實。你可以去詢問科學家為什麼狗會有這樣的行為。牠留下痕跡只是為了表示：『我曾經到過這裡，這是我的地盤。』尿是金黃色的，牠在寫下牠的歷史。」

但是所有的政客都這麼做著，他們一邊撒尿，一邊想著自己正留下金色的痕跡。當然，尿的顏色比較是黃色，我不能說它是金黃色，那會太誇張一點。但是當所有的狗留下痕跡時，牠其實是在向存在宣告：「這是我的地盤，這裡有我的尿臊味！」

我對他說：「整個歷史都是臭味難聞的，你所有的政客都是名聲惡臭的。請你停止這些吼叫和鬼話了。你可以繼續描述所有過去那些笨蛋的故事，但是請原諒我們不想加入他們的行列。」

這些政客的痛苦源自於一種強烈的自卑情結。他們的內在深處他們知道自己什麼都不是，而他們想要向這個世界證明自己是巨大、有力量的。他們想要站在人類的最前頭、第一排。但是麻煩在於人類遵循著一種宇宙法則。宇宙有一種基本的法則，那就是事物以圓形的方式移動著。像是地球繞著太陽移動，月亮繞著地球移動，而太陽基本上又繞著某些更大而不曾被人類發掘的恆星而移動。所有一切都是以圓形的方式在移動著，而人類也是如此。

我們站在圓形裡，我們也按照圓形的方式在移動著，所以永遠都會有人在你的前方。這就是問題所在，你永遠沒有辦法脫離這個圓；永遠都會有人在你前面。是的，有人排在你後面，那讓你有些許的滿足。但是對於那些排在你前面的人，你會馬上殺了他！你會試著用腳把那個人踢到後面，然後你自己站到他的前方。而他也會盡他所能地不讓自己被踢到後方，他也會盡力的攻擊你。但是，就算是你成功了……

當你不斷地成功，不斷地成功，不斷地成功，有一天你會發現那個曾經在你後面的人，現在正站在你前方。這是一種徹底的失敗。當某人成為總統、總理時，他才會發現：「我的老天啊！現在這個站在我前面的人，在我開始的時候，他是站在我的後頭的。」而你可以看到這一點，美國每隔四年，印度每隔五年……身為總統的都會開始乞求選票，而他乞求的對象是那些上一回合輸給他的人。現在，他必須乞求他的選票，因為他總統的任期，他總理的任期都仰賴於這個人的票；所以現在，這個人站到他前面去了。

我曾經一次又一次地說：那些領導者是他們自己跟隨者的跟隨者。這是一個非常奇怪的遊戲。你必須假裝自己是第一名，但是你知道在隊伍裡最後一名的那個人擁有權力，他可以讓你待在第一名的位置或是讓別人來取代你。

政客的生命是一個掙扎不斷、苦惱不斷的生命。他努力超越那些掙扎，但是只要他還是一個政客，那就是不可能的。所有這些痛苦、煩惱都是他政治遊戲裡的一部分。

有一個教育部長常常來看我。他是一個非常富有的人，也受過非常高的教育。在他成為教育部長之前，他是一個大學的副校長。在他擔任副校長的期間，他在一場會議裡遇到我，然後我們成為朋友。偶爾他會來探望我，就只是放鬆一兩天，遠離一下首都和政客的世界。

他會一次又一次地問我：「你教導人們靜心的方法，你教導人們如何變得寧靜和平靜。我也了解你所說的是對的：除非一個人變得寧靜和平靜，否則他是不可能感到喜樂的。所以你創造的是讓喜樂得以發生的基礎。但是你從來不曾和我談過這些事情。」

我說：「只有當你放掉你的政治時，我才會和你談這些事情。因為你的政治和我的教導同時存在的話，你只會變得更痛苦。」

「你現在已經夠痛苦了。如果你還嘗試讓自己擁有某些片刻的平靜和寧靜，如果你試著每天靜心半個小時的話，你會變得比以往更痛苦，因為你沒有辦法成功去除痛苦的。你最好接受生命所擁有的就只是痛苦、煩惱、失眠和混亂。」

「這樣比較好，某種程度來說，那是生命的所有。如果你開始覺知到生命擁有更多的可能性，你會開始做更多的努力，然後你只會不必要的加重你的痛苦。你沒有辦法是平靜的，你沒有辦法靜心，你沒有辦法靜坐。而那會是一種非常痛苦的失敗；你這樣一個重要而成功的政客，已經成為印度——這個世界上最為巨大而遼闊的民主國家——的內閣部長，擁有最高的教育和最重要的職位，但是這樣一個成功人士卻無法擁有片刻的寧靜，對你來說，那會是一種巨大的打擊。」

但是他不聽我的話。他開始靜心並且閱讀我的書籍。而我說的事情發生了，他整個人精神崩潰了。他被帶到我這裡來。我說：「我之前告訴過你，這兩件事情是無法同時進行的。你等於是往東邊跑的時候又同時試著往西邊奔跑；結果你的一隻腿往東邊走，一隻腿往西邊走，你只會被撕裂的。這是非常簡單的事情：如果你還在政界裡，那就是當一個政治人物。這時候你是不可能有什麼靜心和宗教精神的。」

當一個政客還在政界的時候，他是不可能具有宗教精神的。記得這一點。

一個具有宗教精神的人所行走的是一條令人驚異的道路，他會在意成為一國的總統、總理或是國王和皇后嗎？國王和皇后有什麼價值嗎？事實上，在這個世界上只有五個國王：有四個在撲克牌裡，一個在英國。而他們非常的類似，他們都沒有多少的價值。你想要成為第六個國王嗎？

好幾個世紀以來，政客們一直生活在地獄裡。而理由很簡單，因為他們認為透過這個地獄，他們有一天能夠到達最高的位置，擁有最高的權力。但是你要拿那個最高的位置和權力做什麼呢？

這個教育部長有一天和我坐在他的車子裡，我們當時正要出去兜風，然後有一隻狗開始追著我們的車子跑。我對司機說：「開慢一點，那隻狗跑得氣喘吁吁的，開慢一點。讓牠追上我們這輛車子，看看牠要做什麼？」

這個政客問：「會發生什麼事呢？」

我說：「你就是等著看，而且這種情況也剛好就是發生在政治人物身上的事情。」那個司機慢下車子的速度。那隻狗靠近了，牠看起來有點傻，因為接下來呢？接下來牠要做什麼呢？

我告訴那個教育部長：「這就是你的處境，接下來你要做什麼呢？追逐車子的時候，那隻狗快活多了。至少牠有些事情可做，那是一項大挑戰。但是一旦牠追到車子了，牠覺得困惑，因為現在那個挑戰不見了。然後牠往四周看一看，牠會覺得自己很蠢，不然為什麼人們都盯著牠瞧呢？牠從來沒有想過為什麼牠要追著車子跑，還有如果追上了牠要做什麼。甚至萬一牠真的坐上了司機的位子，牠要做什麼？」

這些不得了的政客擁有巨大的力量，他們坐在白宮和克里姆林宮裡，就像是坐在車子裡的狗一樣，他們四處張望，然後覺得自己很愚蠢：「這就是了嗎？」他們沒有別的地方可去了。一旦你到達了白宮，你就沒有別的地方可以去了。透過你自己的努力，你把自己關入監獄裡了。

政客沒有辦法具有宗教精神，因為真正具有宗教精神意味著領悟、覺知、寧靜、和諧、深深的臣服於存在裡，以及平靜地接受事物原有的狀態。他沒有任何欲望想要成為某個特殊人物，他沒有欲望到達任何地方，他也沒有對於明天的欲望。在這個當下裡，所有一切都是令他感到滿足的。而政客沒有辦法擁有這些。對於一個身處於這種終極狀態中的宗教人士來說，政客只是一群傻子，雖然出於禮貌，他可能不會說出來。

我不是一個講求禮儀的人，我不懂任何禮儀。我是直接了當的，因為事情就是如此。我讓鏟子就是鏟子。古老的諺語說：「鏟子就是鏟子。」那聽起來沒有任何意義。鏟子當然就是鏟子，那又怎麼樣！這句諺語沒有說出任何關於鏟子的事情。所以我會直接說他們全都是笨蛋。

但是人類仍然是有希望的。人類的希望不在於那些具有宗教精神的人會成為政客，或是他們會對政治產生興趣，不是這樣。而是那些具有宗教精神的人會變得叛逆，他們也應該要叛逆反對著所有政治上的愚蠢。這就是希望。這些具有宗教精神的人不應該只是滿足於他們自己的喜樂，而讓那些笨蛋持續危害天真的人類。

對我來說，這是唯一的慈悲：叛逆地反對人類的整個歷史。

一個具有宗教精神的人應該是叛逆的。過去他們不曾這樣做過。這就是為什麼我會說，過去的宗教尚未成熟。即使是過去最偉大的宗教人士跟那些即將誕生的、真正具有宗教精神的人士相比，他們會變得像是侏儒一樣，因為這些真正具有宗教精神的人基本上是叛逆者，他叛逆反對所有的迷信，他叛逆反對所有的愚蠢，他叛逆反對所有那些不斷加諸在人類頭腦上的鬼話。

一個叛逆的宗教人士是一把火焰；他的話語會是火焰般的話語。他的寧靜不是死寂的。他的寧靜會像歌曲、舞蹈一樣。他的寧靜會是兩個愛人相逢時，當愛無法用言語所表達時的那一種寧靜；他們的愛讓他們變得無言。

當愛人之間的話語變得太多時，你可以知道他們的愛已經消失了。對話開始了；衝突也不遠了。對話是一個開端，很快地，他們會開始爭論起來。因為對話除了爭論以外，它還能夠帶來什麼呢？但是兩個愛人，當他們真的身處於愛中的時候，他們身上悸動著新的能量，感覺起來時間像是靜止一樣，然後突然間，他們會變得沉默。他們甚至會有困難說：「我愛你。」因為那都不足以形容愛的經驗。在那樣極度的寧靜裡，在那樣光輝燦爛的寧靜裡，在那樣生動的寧靜裡，話語幾乎像是一種褻瀆。

一個具有宗教精神的人是寧靜的，但是那不是死寂般的寧靜，那不是死人般的寧靜。這份寧靜來自於他真實的生命力，他是全然地活生生的，他具有無比的生命力。

這份生命力會變成他的叛逆。

我在這三十年裡所做的是什麼呢？我反對各式各樣的鬼話。那有任何的報酬嗎？我這些反對是因為我想要任何報酬嗎？不，我不尋求任何報酬，那純粹是我的生命力表達它自己的方式。那是非目標性的，其中沒有任何動機；我就是我自己而已。我享受所有的反對。事實上，那些跟我有所衝突的人非常驚訝，因為那對他們來說是苦惱的，但是對我而言，那是一種極樂！他們沒有辦法了解我是多麼地享受這些反對。

我的周圍到處都有敵人。我一個人單獨在百萬人之中前進，反對著他們，我說的話語刺傷他們的信念。印度教的其中一名領袖甚至問我說：「你能夠從中得到什麼好處嗎？你只是在製造敵人罷了。政客變成你的敵人，各個宗教人士也把你視為敵人。那些富有的人是你的敵人，那些窮人也變成你的敵人，資本主義者是你的敵人，共產主義者也把你視為敵人。這實在很奇怪；回教徒、印度教徒、耆那教徒、佛教徒、祆教徒、錫克教徒和基督教徒，他們都變成你的敵人。」

我對他說：「我會寫一本書，如何讓人們印象深刻以及製造敵人。這就是我要寫在書裡的一個經驗。」

他說：「你從來不認真看待事情。我只是關心你而已。」他是一個很年輕的人，剛剛被指定成為印度教的領袖之一；而他在成為印度教的領袖之前就已經認識我。他是真誠地關心我，他說：「除了製造更多的敵人以外，我真的看不出你能夠從中有什麼收穫；而你看起來似乎還挺享受的！」

有一次在靠近新德里一個叫做法里達巴德（Faridabad）的地方，當時那裡正進行著印度教最大的世界會議。這個印度教的領袖告訴我：「事情很危險。」他對我仍然非常友善，他說：「在大眾面前，我不能支持你，但是內在深處我可以感受到你的真實和真誠。我沒有辦法在大眾面前說出這種話，因為我沒有那樣的勇氣。但是我想要警告你，因為據說有一個陰謀正在進行中。我聽到有人說：『今天，這個男人完了，因為他打擊我們的信念、我們的傳承和我們的制度。沒有人能夠回答他提出的問題，也沒有人能夠辯得過他。』所以他們有一些想法，就像是一些笨蛋會有的想法：『何不殺了這個人呢？何不毀了這個人？』所以，今天的會議是生死攸關的，那些人想要傷害你。」

我說：「不要擔心。每一個片刻都是生死攸關的，因為在任何一個片刻裡，死亡都可能會來臨。而這很好，就算在五萬五千人面前，我還是會享受我的死亡。」

他說：「你實在是無可救藥了。我只是友善的關心你，而且我很確定有一些事情在進行著。」

我說：「如果你確定的話，我信任你。我會盡我所能的讓它發生。」而且真的，那天晚上的會議上至少來了十萬人。當天早上的會議還只有五萬人；人數之所以加倍就是因為這樣一個謠言四處流傳：「有些事情即將發生，有些事情已經沸騰了。」這個謠言替晚間的會議帶來更多的人。

當我開始演講時，我可以看到有三個健壯的男人過來坐在我的後面。他們看起來像是職業罪犯。或許他們是為了這種情況受雇而來。在我演講之前，我說：「關於這三個坐在我後方的健壯男人，我想要說幾件事情。」當時講台上出現一片深沉的寧靜。當時坐在講台上的都是有名望的印度教僧侶、三個印度教的各方領袖以及傑出的政客等大約五十個人。德里就在附近，所以那些政客才有空前來參加大會，而且他們不會錯過這種大會的。十萬個人……光是人們看到你出現在台上那就夠了！

那三個罪犯沒有想到我會先提到他們。我怎麼會知道他們呢？我說：「這三個人在這裡是為了來殺我的，所以你們需要保持覺知，至少他們要有耐心一些。他們要謀殺我，那沒有問題，但是至少讓我說完我要說的話。如果他們在我演講中途就殺了我，那會是你們的損失；你們會錯過我要對你們說的話。」

「所以，我要問你們一件事情：你們想要我說完我所有要說的話嗎？如果你們想要聽的話請舉手。如果你不想聽完我所有的話，那麼半場的演講有什麼意思呢？一半的真理要比謊言還來得更糟糕。這樣的話，我寧願保持安靜，讓這三個人殺了我。」

十萬雙手立刻舉了起來，人們還高喊著：「我們想要聽你的演講，而且我們想看看誰敢攻擊你。」然後有許多人，至少上百個人來到我後面隔開那三個人。你會很驚訝地知道；我還是按照我往常的方式演講，我演講的方式還是跟以往一樣地激烈。而奇蹟是我仍然演講反對著那些人的信念！某種程度來說，人們的內在深處仍然保有一份天真。你只是需要找到要訣，來碰觸那份天真、碰觸他們的心。

所有那些印度教領袖和政客通通離開了講台。我原本只有二十分鐘的演講時間……看到情況反而帶來相反的結果，會議的主席離開了，其他工作人員也離開了。但是人們不讓那三個人離開，人們抓著他們。那整個會議變成了我一個人的會議。我整整演講了兩個半小時，因為沒有其他人要演講，也沒有人要我停止或做任何事情。大會主席不見了，他們全都跑了，因為他們都是那個陰謀裡的一份子。而那三個人跪在我的腳旁說：「請救救我們。如果你離開的話，那些人會殺了我們。」

我告訴那些群眾：「就是讓這三個人離開，因為他們沒有做任何事情；況且他們是職業罪犯，他們自己沒有任何反對我的部分。他們可能只是收了一些錢，對於這一點我沒有意見。」我問他們：「你們收了錢嗎？還是你們還沒拿到錢？」

當時的那些片刻是你平常不可能看到的真實片刻。他們沒有辦法說謊。他們是職業罪犯、職業殺手，他們過去曾經犯過殺人罪，他們曾經入獄非常多次，但是他們當時無法說謊。就只是看到我的真實，而真實具有一種感染性。他們內在某種部分也受到了觸動。他們說：「他們給了我們一半的錢，另外一半他們承諾會在我們殺了你之後支付。」

我說：「所以，你們損失了一半的錢。你們可以殺了我，拿到剩下那一半的錢。」

他們說：「我們不想殺你。我們甚至不知道你是誰。現在聽了你的演講，我們想要殺了那些試圖謀殺你的人。」

我對那裡的人們說：「放過這幾個簡單而天真的人，不要騷擾他們。我會讓他們在我離開這個地方之前先離開這裡，因為我不知道……現在這裡有一大群民眾，而且你們看起來是如此地憤怒。」

那次大會原訂進行三天，而那天是第一天，所以我說：「這個大會會繼續進行，現在它變成我一個人的會議了。所有的活動都會在這裡進行，我們會持續三天。」然後我們進行了三天的會議。你會很驚訝地知道，那三個人每天都來傾聽我的演講，他們坐在我的前方，眼睛裡還帶著淚水。

當我離開法里達巴德的時候，在一群前來跟我道別的人裡面就有這三個人，他們帶著花圈和淚水。他們說：「你改變了我們的整個人生。我們過去一直就像是政客和教士手裡的玩偶一樣。我們原本不是罪犯；是那些人讓我們變成罪犯，他們付錢給我們去犯罪。如果我們被逮捕了，他們會設法把我們救出來；他們提供所有的法律支持，他們會設法賄賂法官。他們會做任何事情來營救我們，因為他們的政治生涯、他們的宗教生涯需要罪犯。」

我說：「沒錯，一個教士並不是具有宗教精神的人，他有的是一個宗教方面的生涯。那是他的職業。」

三十年來，我一直盡我所能地反對那些人。而我了解到幾件事情：不論人類過去受到多麼嚴重的制約，那都是能夠破除的。我們只是需要幾個真正具有宗教精神的人，不是傳教士，不是那些神職人員，而是真正有所經驗的人。他們會成為這個暗夜裡的閃亮火把。

這些具有宗教精神的人不會成為政客，但是他們會摧毀這個世界的政治架構，而這正是我們所需要的。他們不會對政治感興趣，但是他們會關切這些已經被政客剝削了好幾個世紀的人類。他們不會掌控力量，但是他們會摧毀那些寄生蟲，而讓力量回到人們的手裡。

事實上，力量應該是分散在人們的手裡，力量不應該是集中的，力量也不需要集中。當力量集中時，它是一定會腐敗的。當力量分散時，每個人都能夠按照他自己的方式擁有力量。

那種叫做「政客」的生物需要從這個地球上消失。這才是人類的希望。而我知道，只有到現在，這才真的變得是可能的。過去那是不可能的，而不可能的原因有兩個：一，那些具有真正宗教精神的人尚未出現；二，那些政客還沒有做出他們最糟的事情。現在這兩者都已經出現了。真誠而真實具有宗教精神的人會從你們之間誕生。而那些政客也已經來到極限。他們已經做出了最糟糕的事情，他們沒有辦法做更多的事情了。還有什麼比帶來原子大戰、摧毀世界更糟糕的事情呢？他們還能再做些什麼呢？

在政客和他們的原子武器摧毀這整個世界之前，這些少數具有宗教精神的人需要讓火焰來到他們的心裡，那是一種能夠讓政治遊戲完全消失的火焰。而當政治遊戲消失時，政客也會消失。這是人類唯一的希望。

第三次世界大戰會是人類巨大的希望，因為它會顯露出政客真實的本性。

到目前為止，這個世界上有過戰爭，也有過大戰，第一次世界大戰、第二次世界大戰，還有其他上千場戰爭，但是它們並不徹底。有些人贏，有些人輸。但是這三次世界大戰會是一場徹底的世界大戰：沒有人會贏，也沒有人會輸。所有一切都會結束。

現在，那會是一場終極的戰爭，一種極度愚蠢的行為。因為當雙方都會失敗死亡時，戰爭有什麼意義呢？爭戰的目的就在於你能夠獲勝，至少你是有機會獲勝的。你頂多會失敗，但是對方會獲勝；至少還有人是勝利者。

但是如果第三次世界大戰爆發的話，沒有人會是勝利者，因為沒有人能夠存活下來。不論是民主主義、共產主義，美國還是蘇聯，沒有人能夠存活下來，所以那有什麼意義呢？但是那些政客已經來到了這種地步，他們沒有辦法後退。他只能繼續前進，雖然他們非常清楚地知道，這種情況最終只會讓這顆美麗的星球徹底滅亡。

在這個宇宙裡有上百萬顆星球，但是地球或許是其中最美的一顆星球。所有那些星球都沒有綠意，沒有花朵，沒有鳥兒，沒有動物，沒有人類；沒有詩、沒有音樂，沒有舞蹈，沒有慶祝。它們是死寂的，而地球是活生生的。

這不只是人類的未來。這也是整個存在的問題，因為它可能會因此而失去它最美的一顆星球。這是整個存在的問題，它不只是一顆單一星球的問題，它不只是這個小小地球的問題。它是這整個無窮宇宙的問題，因為在這整個宇宙裡，這個小小的星球已經成為了意識的綠洲。而且它還有著更多的潛能；它不應該就此結束。

因此，我說希望是存在的，那些具有宗教精神的人所具有的叛逆就是希望之所在。

我曾經碰到過上千次這同樣的問題：「你不斷地教導宗教、靜心，那沒有問題；但是你為什麼要把宗教和叛逆混為一談呢？那只會帶來麻煩。」

印度有一個總理叫做拉爾・巴哈杜爾・夏斯特里（Lalbahadur Shastri），他是一個好人，就政客而言，他算是少數的一個好人。我曾經認識許多政治人物，我可以說或許他是所有那些罪犯裡最好的一個。他說：「如果你稍微少一點真誠，而多一點外交手腕的話，你可以成為這個國家最偉大的聖雄。但是你不斷地說出那些赤裸裸的事實，而你從來不曾在意那為你帶來多少的敵人。你難道不能圓滑一點嗎？」

我說：「你要我圓滑一點？這意味的是當一個偽君子；心裡知道一回事，但是嘴巴上說的又是另外一回事。不，我是不會改變的。如果有必要的話，我可以放掉宗教，但是我沒有辦法放掉叛逆，因為對我而言，那是宗教的靈魂。我可以放掉所有其他被認為是宗教的事情，但是我不能放掉叛逆；那是宗教最根本的靈魂。」

我這一生一直都希望能夠聚集一些人，然後遷移到喜馬拉雅山去；而從我知道我們已經擁有足夠的人的那一天起，我就不再接觸一般大眾了。因為這麼一來，我可以把我所有的時間——不論我還有多少時間——我所有的精力，留給一小群集中的人。我們不需要上百萬個具有宗教精神的人，不，不是這樣。我們需要的只是少數受到眷顧的人。

如果我能夠點燃我的門徒心裡那把火焰，我就完成了我的工作。那麼，我的人會持續我曾經對他們做過的事情。然後我們能夠讓這整個地球都燃起火花，閃耀著一種新的人性以及新的黎明。

問題

每當我聽您提到您關於新人類的洞見時，我覺得或許您周圍少數幾個有勇氣的人能夠活出這樣一種經驗。但是感覺起來，要讓大部分的人類能夠看到並且生活在這種洞見之中，那至少還要上百年的時間。這是事實嗎？

這是事實。

甚至就算它在一百年之內發生了，那還算是快的。但是我認為這個問題之所以重要，是因為一個全然不同的理由。真正的重點不在於這個洞見的實現，不在於新人類的來臨，因為新人類會按照他自己的速度自行發生。比較重要的是這個洞見能夠得以實現。

這個世界上所有偉大的事物在發生之前，它們一開始都只是一個觀念。有時候它需要上百年的時間才能夠成為事實，但是能夠洞悉未來、擁有一種視野，那份喜悅是無與倫比的。對於老舊腐敗世界可能會消失而新人類或許得以誕生，你應該要為這種可能性感到歡欣。

因為光只是這樣的一種視野都會讓你有所改變，至少它會讓你從過去轉換到未來。雖然新人類尚未來臨，但是在某個向度上，你會開始像新人類一樣地生活。你會開始稍微像新人類一樣地生活，讓生命裡的每一個片刻都成為一種祝福。而當你從自己內在熟悉這種新人類的時候，隨著舊有事物的崩毀，新生事物的爆發，你會有所改變，你會經歷一場革命。

我所關切的人是你。誰在乎一百年後會發生什麼事情呢？有些事情是注定會發生的，但是那不是我們所能控制的。而當我談到新人類的時候，我真正談論的其實是你，我希望你能夠開始覺知到新人類的這份可能性，因為光是這份覺知就能夠讓你有所蛻變。我感興趣的不是未來；我關切的是這個當下。

未來會永遠的持續下去，但是如果你的頭腦能夠清除掉過去的垃圾，如果你能夠看到遠方那即將出現的黎明……我所感興趣的不是那個太陽，我所關切的是你的視野、你的洞悉力、你的了解性以及你對於那份可能性所抱持的希望。因為這份希望會成為你內在的種子。

當時機來臨時，新人類會出現的。但是這份新的洞見、新的視野必須現在就開始出現。而透過這份視野，你會以一種微妙的方式來參與那個還在子宮裡，尚未來臨的新人類。你會開始和他擁有一種同步性、一種特別的關係。你會開始放掉你深植於過去的根，而讓你的根開始成長到未來。

但是讓我再重複一次，基本上，我所關切的是你。我不關切過去，我也不關切未來。我談論過去，只為了讓你能夠放掉它；我談論未來，是為了讓你能夠向它保持敞開。但是不論如何，你才是我關切的重點。

The material in this book is selected from various talks by Osho given to a live audience. All of Osho's talks have been published in full as books, and are also available as original audio recordings. Audio recordings and the complete text archive can be found via the online OSHO Library at www.osho.com

奧修靈性智慧 8

權力 *POWER, POLITICS, AND CHANGE*

——如何讓自己與世界變得更美好? *What can I do to help make the world a better place?*

作　　者　奧修 OSHO
譯　　者　Sevita
編輯顧問　舞鶴
責任編輯　林秀梅

副總編輯　林秀梅
編輯總監　劉麗真
總 經 理　陳逸瑛
發 行 人　涂玉雲
出　　版　麥田出版
台北市104民生東路二段141號5樓
電話：(886)2-2500-7696　傳真：(886)2-2500-1966、2500-1967
發　　行　英屬蓋曼群島商家庭傳媒股份有限公司城邦分公司
台北市民生東路二段141號2樓
客服服務專線：(886)2-2500-7718、2500-7719
24小時傳真服務：(886)2-2500-1990、2500-1991
服務時間：週一至週五09:30-12:00・13:30-17:00
郵撥帳號：19863813　戶名：書虫股份有限公司
讀者服務信箱E-mail：service@readingclub.com.tw
麥田部落格　http://ryefield.pixnet.net/blog
香港發行所　城邦（香港）出版集團有限公司
香港灣仔駱克道193號東超商業中心1樓
電話：(852) 2508-6231　傳真：(852) 2578-9337
E-mail：hkcite@biznetvigator.com
馬新發行所　城邦（馬新）出版集團【Cite(M)Sdn. Bhd】
41, Jalan Radin Anum, Bandar Baru Sri Petaling,
57000 Kuala Lumpur, Malaysia.
電話：(603) 9057-8822　傳真：(603) 9057-6622
E-mail:cite@cite.com.my

設　　計　黃瑪琍
奧修照片提供　奧修生命之道學苑國際顧問有限公司
印　　刷　鴻霖印刷傳媒股份有限公司

2014年4月1日　初版一刷　Printed in Taiwan.

定價／320元

ISBN 978-986-344-078-9

城邦讀書花園
www.cite.com.tw

國家圖書館出版品預行編目資料

權力：如何讓自己與世界變得更美好？／奧修(Osho)著；Sevita譯. -- 初版. -- 臺北市：麥田出版：家庭傳媒城邦分公司發行, 2014.04
面；　公分. --（奧修靈性智慧；8）
譯自：POWER, POLITICS, AND CHANGE : what can I do to help make the world a better place?
ISBN 978-986-344-078-9（平裝）
1. 權力　2.民主政治
571.6　　1003004630